Lisa Schnider

W0058631

Seelenbegegnungen

Telepathische Kommunikation
zwischen Mensch und Tier

KOHA

© KOHA-Verlag GmbH Burgrain
Alle Rechte vorbehalten
1. Auflage 2012
Umschlaggestaltung: Guter Punkt, München
Covermotiv, Foto S. 2: Esther Kaiser
Fotos S. 20, 35, 68, 94, 108, 115, 128, 144, 147, 148, 154;
Grafik S. 139 (ohne Beschriftung): Shutterstock
Fotos S. 25, 30, 112, 123: Lisa Schnider
Lektorat und Layout: Birgit-Inga Weber
Gesamtherstellung: Karin Schnellbach
Druck: CPI Moravia Books
ISBN 978-3-86728-185-0

Wichtige Hinweise

*

Erläuterungen für die Begriffe »Aura«, »Chakra«, »höheres Selbst« und »Meditation« finden Sie im Kapitel »Begriffserklärungen«.

*

Um den Lesefluss nicht zu erschweren, wurde auf die Doppelung männlicher und weiblicher Formen (»Partner oder Partnerin«, »Partner/-in« etc.) verzichtet. Selbstverständlich soll die gängige männliche Form auch den weiblichen Teil der Bevölkerung umfassen.

Inhalt

Für Dixon
in ewiger Liebe und Dankbarkeit

SEELEN

»In der Liebe versinken und verlieren sich
alle Widersprüche des Lebens.
Nur in der Liebe sind Einheit und Zweiheit
nicht im Widerspruch.«

Rabindranath Tagore

BEGEGNUNGEN

Vorwort

Die Tierkommunikation hat in den letzten Jahren einen regelrechten Boom erfahren.

Wir leben in einer Zeit, in der das Tier glücklicherweise einen besseren Stellenwert hat als noch vor Jahren. Es wird als Partner, als Gefährte, als Freund angesehen, mit dem man Zeit verbringt und oft das Haus teilt. Unsere Tiere sind Familienmitglieder. Wir können uns ihnen unvoreingenommen anvertrauen, und sie nehmen uns so, wie wir sind. Ihre Anwesenheit bereichert tagtäglich unser Dasein.

Viele Tierliebhaber befragen ihre Tiere durch Tierkommunikatoren über ihr Wohlbefinden, über Probleme, Krankheiten und Alltägliches. Durch diese Kommunikation wird die Verbindung zwischen Mensch und Tier verbessert und gestärkt. Manch ein Problem kann durch die Tierkommunikation erörtert, besprochen und meist auch gemeinsam gelöst werden.

Durch das Erlernen der Tierkommunikation werden nicht nur bestehende Grenzen zwischen Ihnen und dem Tierpartner gesprengt. Vielmehr entdecken Sie durch die telepathische Kommunikation, dass es zwischen Himmel und Erde viel mehr gibt, als wir mit unseren fünf Sinnen wahrnehmen.

12

Mit Hilfe dieses Buches können Tierhalter und -liebhaber die Tierkommunikation selber erlernen und sie im täglichen Zusammenleben mit dem Tier anwenden. Sobald die ersten Zweifel – »Funktioniert das überhaupt?« – überwunden sind, werden Sie merken, was für ein wertvoller Schatz die telepathische Kommunikation ist.

Die einzigen Voraussetzungen, die Sie mitbringen müssen, sind der Herzenswunsch, mit Tieren zu kommunizieren, und der gegenseitige Respekt. Da wir alle mit der Gabe, telepathisch zu kommunizieren, auf die Welt kommen, ist der Rest reine Übungssache.

Ich wünsche Ihnen viel Freude beim Üben, Kommunizieren und Entdecken dessen, was es zwischen Himmel und Erde sonst noch alles gibt!

Wie alles begann

Als meine Eltern mir, dem damals neunjährigen Mädchen, den sehnlichsten Wunsch erfüllten, Reiten zu lernen, war ich absolut selig. Ich verbrachte fast Tag und Nacht bei den Pferden und im Stall. Zu dieser Zeit kommunizierte ich nicht bewusst über den telepathischen Weg mit den Tieren. Sie waren meine besten Gefährten und wir verstanden uns meist ohne Worte.

Jahre danach – ich ritt nach wie vor mit großer Begeisterung – hatten meine Eltern mir den Wunsch nach dem eigenen Pferd noch nicht erfüllt. Leider. Doch irgendwann konnte sich auch mein Vater mit dem Gedanken anfreunden, ein Pferd als neues Familienmitglied aufzunehmen. Die Unterstützung meiner Eltern war natürlich deshalb sehr wichtig, weil der Kauf sowie der Unterhalt eines Pferdes einen großen finanziellen Aufwand bedeuteten. Meine Freude über den Entschluss meines Vaters war riesengroß. Gleich nach Abschluss der Matur packte ich meine Sachen und zog nach Deutschland, wo mein erstes eigenes Pferd bereits sein Zuhause hatte.
Dixon kam als dreijähriger Oldenburger Hengst zu mir und hat mich in reiterlicher wie auch in menschlicher Hinsicht so manches gelehrt. Hengst blieb er nicht lange, denn er hatte – und hat immer noch – seinen sehr eige-

nen sturen Kopf, den er in allen möglichen und unmöglichen Situationen durchzusetzen versucht.

Nachdem Dixon Wallach geworden war, kamen wir schon einiges besser miteinander zurecht – bis sich das nächste Problem stellte: Als ich von meiner zwischenzeitlichen Wahlheimat Deutschland wieder in die Schweiz zurückreisen wollte, stellte sich heraus, dass Dixon nur in noblen Pferdelastwagen fuhr. Es kostete mich, meinen Mann und etliche andere Beteiligte über Jahre so manchen Nerv, wenn Dixon in einen »normalen« Pferdeanhänger einsteigen sollte. Er wollte partout nicht, schon gar nicht freiwillig. Eine Ausnahme machte er beim luxuriösen Lastwagen des Reitanlagen-Pächters, in den er ohne Weiteres hineinspazierte.

Ich erinnere mich an ein ländliches Turnier, bei dem Dixon etwa sechs Jahre alt war. Wir waren Zweite und wollten nach der Siegerehrung, die für 14 Uhr angesetzt war, gleich wieder nach Hause fahren. Um 18 Uhr, nachdem sich der ganze Anhängerplatz geleert hatte und alle bereits nach Hause gefahren waren, standen wir immer noch da und bemühten uns vergebens, Dixon in den Anhänger zu bringen. Dem Nächstbesten, der ihn hätte einladen können, hätte ich ihn am liebsten gleich mitgegeben; ich hatte dermaßen genug von diesem Pferd mit seinen Allüren.

Eine Bekannte, der ich das Problem mit Dixon einmal geschildert hatte, gab mir daraufhin die Telefonnummer

15

einer »Tierkommunikatorin«. Aus lauter Verzweiflung rief ich sie an – ohne mir Gedanken gemacht zu haben, ob eine solche Kommunikation überhaupt helfen würde; und noch viel weniger stellte ich mir die Frage, ob diese Methode wohl funktionierte. Nachdem ich mit der Expertin Kontakt aufgenommen hatte, sollte ich ihr ein Foto von Dixon mit diversen Angaben zu seiner Person senden. Zudem machten wir einen Telefontermin aus, an dem sie mich anrufen wollte, um mit Dixon zu sprechen …

Während ich mir die Funktionsweise dieses Vorgehens doch einmal durch den Kopf gehen ließ, wurde ich skeptisch. Mein Mut, eine Lösung für das Anhängerproblem gefunden zu haben, schwand sehr schnell dahin. Wie sollte das bloß funktionieren, was die Frau vorhatte? Doch der Termin war vereinbart und ich wollte ihn nicht wieder absagen, weil noch ein winziger Funken Hoffnung bestand und zunehmend Neugierde in mir aufkam, was es mit dieser Tierkommunikation auf sich hatte.

Dixon weilte in seinem Stall, als die Tierkommunikatorin mich zum vereinbarten Termin zu Hause anrief. Gespannt hörte ich ihr zu. Die Frau erzählte mir von Dixon, von seinem Verhalten, von seinen Gewohnheiten, als würden sich die beiden schon jahrelang kennen und regelmäßig Zeit miteinander verbringen. Woher um Himmels willen wusste sie all diese Eigenarten, ohne Dixon jemals zuvor gesehen, geschweige denn näheren Kontakt zu ihm gehabt zu haben? Auch das Anhängerproblem besprach sie telepathisch mit Dixon – worauf er meinte, er habe zu wenig Platz und könne sich schlecht ausbalancieren, sodass er da drinnen Angst habe.

Das tönte alles sehr plausibel, also suchten wir entsprechende Lösungen für das Problem. Natürlich war es harte Arbeit, zuletzt auch Arbeit an mir selber, denn Dixon hatte schnell gemerkt, dass es für ihn auch ein Machtspiel war, bei dem er zeigen konnte, wie viel Kraft er wirklich hatte.

Heute kann ich Dixon sogar ohne Hilfe einer weiteren Person in den Anhänger laden. Die Arbeit und das Experiment Tierkommunikation haben sich rundum gelohnt. Geprägt hat mich dieses erste Gespräch mit Dixon damals allerdings nicht. Ich wollte nicht mehr über die Tierkommunikation wissen, ich hinterfragte nicht mal ernsthaft, wie die ganze Sache funktionierte. Die Angelegenheit war für mich vorerst abgeschlossen.

Bevor ich selber die telepathische Tierkommunikation erlernte, vergingen noch manche Jahre. Zwei Katzen, Sasima und Akimba, kamen Ende 2004 zu uns, und ihr schlechter gesundheitlicher Allgemeinzustand führte mich von der Schulmedizin zu einem Tierkinesiologen. Auch ihm stand ich am Anfang der Therapien, die er zuerst für Akimba mit einem Biotensor austestete, sehr skeptisch gegenüber. Eigentlich hatte ich einen in Tierkinesiologie bewanderten

17

Tierarzt gewollt; per »Zufall« gelangte ich wohl an diesen Tierkinesiologen, der kein Tierarzt war. Auch hier wollte ich das Experiment halt wagen; meine Hoffnung, Erfolge zu erreichen, war aber nicht allzu groß. Wieder einmal war es die Verzweiflung, die mich zu einer völlig anderen Form der Therapie führte. Nach Beginn der Behandlung von Akimba konnte ich erfreulicherweise feststellen, dass sein allgemeiner Zustand sich stark besserte und auch so blieb.

Irgendwann im Lauf der Zeit entschied ich mich, die Arbeit mit dem Biotensor selber zu erlernen. Es war sehr praktisch und machte mir Freude, kleinere Austestungen nun selber vorzunehmen und nicht immer auf jemand anderen angewiesen zu sein. Etwas jedoch fehlte mir bei der Arbeit mit dem Biotensor: Es war die direkte Art, mit dem Tier Kontakt aufzunehmen und quasi »face to face« mit ihm zu sprechen. Die Tierkommunikation kam mir wieder in den Sinn – und ein spezielles Ereignis führte mich dazu, mich näher damit zu befassen.
Ich war auf einem Hof zu Besuch, und just zu dieser Zeit wurde ein Pferd eingeschläfert. Ich war nicht direkt zugegen, befand mich außerhalb des Stalls, etwa hundert Meter vom Geschehen entfernt, wusste jedoch davon. Plötzlich überkam mich ein Gefühl des Widerstandes und der Angst und ich hörte im Geist die Worte: »Ich möchte violettes Licht haben.« Ich erkannte, dass ich die Gefühle des Pferdes aufgenommen haben musste, und ich wusste,

dass es eigentlich noch nicht »gehen« wollte. Trotz seiner schlechten gesundheitlichen Verfassung war es offenbar der falsche Zeitpunkt. Nach langem Kampf ist das Pferd dennoch für immer eingeschlafen. Dieses Ereignis ist mir lange nachgegangen und ich denke noch heute oft an dieses Pferd.

Damals war mir nicht bewusst, dass es sich um eine telepathische Kommunikation gehandelt hatte. Erst als ich Monate später bei meiner Lehrerin Susanna saß, welche mich die Tierkommunikation lehrte, begriff ich, dass ich früher schon unbewusst telepathisch kommuniziert hatte, ohne es je gelernt zu haben.

Ich bin mir daher ganz sicher, dass wir alle mit dieser Gabe auf die Welt kommen und sie am Anfang, wenn wir die menschliche Sprache noch nicht beherrschen, regelmäßig benutzen. Da wir im Lauf des weiteren Lebens nicht mehr grundsätzlich auf die Telepathie angewiesen sind und sie in unserer verstandesorientierten Welt wenig bis gar nicht mehr benutzen, verkümmert unser Können und Wissen darüber.

Es ist daher an der Zeit, die telepathische Kommunikation wieder zu erlernen, und ich möchte Ihnen dabei helfen.

1. Fremdsprache

An einem Samstagmorgen sollte es losgehen. Bereits vor einiger Zeit hatte ich mich für den Kurs in Tierkommunikation angemeldet – mit gemischten Gefühlen. Neugierig war ich ganz sicher, aber auch ein wenig unsicher, weil ich nicht wusste, was auf mich zukommen würde. Dennoch war ich bereit, mich in dieses neue Abenteuer zu stürzen.

Acht Kursteilnehmerinnen und sogar ein Kursteilnehmer versammelten sich an diesem Morgen in Susannas Wohnzimmer.

Weil ich normalerweise viel Raum zum Sein brauche, habe ich unsere Wohnung sehr schlicht und mit wenig Möbeln eingerichtet. Ganz anders war Susannas Zuhause: Eine Farbenpracht durchzog den ganzen Raum, angefangen von den Sofas und Stühlen, über die Teppiche bis hin zu den Kerzen. Nicht zu übersehen war die Bibliothek spiritueller Literatur. Alles war mit viel Liebe dekoriert, und ich fühlte mich dementsprechend wohl, obwohl ich noch keine Menschenseele kannte.

Ich wollte mich gerade auf einen der freien Korbsessel setzen, als ich bemerkte, dass gleich daneben eine Kolonie Räucherstäbchen die Raumluft aromatisierten; ich zögerte und setzte mich schließlich woandershin. Während Susanna den Raum wieder betrat, meinte sie sogleich mit ihrem österreichischen Dialekt: »Falls es jemandem von den Räucherstäbchen schlecht wird, kann ich sie auch auslöschen.« Hatte Susanna mich beobachtet? Benahm ich mich so auffällig, dass es womöglich unhöflich war?

Bevor wir mit den praktischen Übungen anfangen konnten, wollte Susanna uns ein wenig Theorie – die Grundlagen der Tierkommunikation – vermitteln. Da ich aufgrund meiner ungeduldigen Natur lieber gleich »richtig« loslegen wollte, hoffte ich, dass der theoretische Teil nicht allzu lange dauern würde. Doch schon nach den ersten fünf Minuten war ich fasziniert: einerseits von all den hochinteressanten Ausführungen, andererseits von Susanna und ihrer Art selbst. Ich musste mich beim Zuhören nicht mal konzentrieren; ich war derart gefesselt und hätte Susanna stundenlang zuhören können.

Nach einer Pause gingen wir zu den ersten eigenen Versuchen mit der telepathischen Kommunikation über. Im Kreis sitzend hielten alle jeweils ein Foto eines Tiers in der Hand – und zwar, wie uns Susanna erklärte, in der linken, da es bei der energetischen Arbeit die nehmende Hand ist, während die rechte Hand die gebende ist. Wir nahmen also die Informationen des Lebewesens über die Chakras der linken Hand auf.

Die Tiere auf den Fotos gehörten den anwesenden Teilnehmern und waren wahllos ausgetauscht bzw. gezogen worden. Die Besitzer der Tiere verrieten uns nichts über das Wesen oder das Alter; wir wussten weder, ob das Tier noch lebte, noch, ob es männlich oder weiblich war.

Ich schaute mir die Katze auf dem Foto an und versuchte, wie Susanna uns erklärt hatte, mit offenem Herzen und gedankenlos zu spüren, was war. Dankbar sollten wir jede Information annehmen, die uns in diesem Moment in den Sinn kam.

Mir schnellten die wildesten Gedanken durch den Kopf, völlig wirre Sachen; ich konnte kaum auseinanderhalten, welche Information woher kam. Ich konnte weder Zeiten einordnen noch herausfinden, ob diese Informationen nun meine eigenen Gedanken waren oder ob eine Botschaft wirklich von dem Tier stammte. Kurz gesagt, ich war völlig überfordert und traute mich kaum, etwas zu sagen, als ich aufgefordert wurde, meine Empfindungen zu schildern.

Da es allen ähnlich erging und die Verunsicherung groß war, forderte Susanna uns auf, nur auf unseren allerersten Gedanken zu warten und ihn hinzunehmen.

Ich setzte mich nochmals hin, erdete mich, öffnete meinen Herzbereich und wartete auf die erste Information. Es war ein seltsames Gefühl, mit einem Foto in der linken Hand gedankenlos dazusitzen. Es war ein Gefühl, das ich bisher nicht kannte. Mich überkam eine tiefe innere Ruhe und eine Zentriertheit, die mir bis dahin fremd waren. Normalerweise schwirren einem tagein, tagaus zu jeder Zeit irgendwelche Gedanken durch den Kopf – und plötzlich war da für einen Moment nichts mehr außer »reines Sein«.

Als ich es geschafft hatte, meinen Verstand für einen klitzekleinen Moment auszuschalten und in dieser Ruhe auf eine Botschaft des Tieres zu warten, zeigte sich mir plötzlich ein Bild der Katze auf dem Foto: Sie trank Milch aus einer kleinen violetten Plastikschale. Da ich so verblüfft über dieses plötzliche Bild war, war es auch sogleich wieder aus mit meiner inneren Ruhe, und der Draht zu der Katze schien wie unterbrochen zu sein.

Bei unserem gegenseitigen Informationsaustausch jedoch flippte die Besitzerin der Katze fast aus, als sie meine Schilderung hörte. »Ja, genau!«, meinte sie ganz aufgeregt. Die Katze trinke nur Milch, und zwar immer aus einer kleinen violetten Plastikschale.

Die Schilderungen der anderen Teilnehmer waren ähnlich banal wie meine; die Aufregung aber war groß, da die empfangenen Bilder oder Botschaften fast alle stimmten.

Der erste Schritt war gemacht. Ich hatte zum ersten Mal bewusst telepathisch kommuniziert, und durch die empfangenen Bilder und Botschaften stieg mein Vertrauen als Neuling in eine bereits vorhandene, aber durch Nichtgebrauch verkümmerte Fähigkeit.

AKIMBA

2. Ein Telefongespräch der anderen Art

Am Ende unseres ersten Kurstages – draußen war es bereits dunkel geworden – fühlte ich mich unendlich bereichert und freute mich darauf, das mir Vermittelte gleich anzuwenden.

Außer Dixon zählen eine Katze und ein Kater, Sasima und Akimba, zu unserer Familie. Ich hatte also genügend Helfer, die mich dabei unterstützen konnten, die Tierkommunikation gleich praktisch zu üben.

Als ich nach einer kurzweiligen Autofahrt nach Hause kam, warteten die beiden Katzen bereits auf mich und musterten mich von oben bis unten. Natürlich, die beiden wussten schon von meinem Experiment und waren wahrscheinlich auf die neuen Erfahrungen gespannt, die sie künftig mit mir machen würden.

Sie fragen sich wahrscheinlich, wieso die beiden Katzen von meiner neuen Erfahrung wussten, obwohl ich es ihnen nicht bewusst auf telepathischem Wege mitgeteilt hatte. Ich versuche es Ihnen kurz zu erklären:

Was genau ist eigentlich **Telepathie** und wie funktioniert diese Kommunikationsform?

Telepathie ist die Kommunikation zwischen zwei oder mehreren Lebewesen mittels »Gedankenübertragung«. Sie umfasst aber nicht nur die Übertragung von Gedanken zwischen den Lebewesen, sondern auch von Gefühlen, Absichten, mentalen Vorstellungen, Eindrücken und Wissen. Dabei spielt es keine Rolle, ob die beteiligten Lebewesen gleicher oder unterschiedlicher Art sind. Auf telepathischer Ebene ist nicht nur die Kommunikation von Tieren untereinander, von Mensch zu Tier oder von Mensch zu Mensch, sondern auch von Menschen zu Steinen oder Engeln, Geistwesen, Bäumen usw. möglich. Ebenso wenig spielt es eine Rolle, wo sich die miteinander kommunizierenden Lebewesen während der Kommunikation befinden, denn die Telepathie ist über jegliche Grenzen hinaus möglich.

Wir erleben es doch oft, dass wir an einen Menschen denken – und im übernächsten Augenblick klingelt das Telefon: Wir wissen, wer am anderen Ende der Leitung ist ... Oder wir beginnen einen Satz, und ein anderer Mensch fängt zur gleichen Zeit an, dieselben Worte zu sprechen. Dies sind keine Zufälle, sondern Formen der telepathischen Kommunikation, der mentalen Gedanken-, Gefühls- oder Bildübertragung.

Auf »Wikipedia« habe ich eine weitere Erklärung für die Telepathie gefunden: »Telepathie (altgr.: [...] *tele* ›fern, weit‹ und [...] *pathos* ›Leiden‹) ist eine Bezeichnung für Übertragungen von Informationen zwischen Lebewesen ohne Beteiligung bekannter Sinneskanäle beziehungsweise bekannter physikalischer Wechselwirkungen. Im deutschen Sprachgebrauch werden dafür auch die Begriffe *Gedankenlesen* und *Gedankenübertragung* verwendet.«
Demnach erfolgt also die »Informationsübertragung« ohne Beteiligung bekannter Sinneskanäle. Der Mensch bedient sich im Alltag seiner fünf Sinne: Tasten, Riechen, Hören, Sehen und Schmecken. Darüber hinaus verfügt der Mensch (jeder Mensch!) über die »Übersinne« Hellhören, Hellwissen, Hellfühlen und Hellsehen. Diese weiteren Sinne sind sehr wohl bekannt, sie können im Moment jedoch noch nicht vollständig wissenschaftlich bewiesen werden. Ein mangelnder Beweis berechtigt jedoch keineswegs zu der Behauptung, dass die telepathische Kommunikation nicht existiere oder nur zufälligerweise funktioniere.

27

Mit diesen erweiterten Sinnen erfolgt schlussendlich auch die telepathische Kommunikation. Dr. Rupert Sheldrake, ein britischer Biochemiker, hat über die Lehre der morphischen Felder unter anderem das Funktionieren der Telepathie erklärt. Er beschreibt sie als »Felder, als sich selbst organisierende Einflussgebiete, vergleichbar magnetischen Feldern und anderen bislang anerkannten Feldern in der Natur«. Obwohl die morphogenetischen Felder (eine Untergruppe der morphischen Felder) als Begriff in der Biologie weithin anerkannt sind, weiß niemand, was sie genau sind oder wie sie funktionieren. Gemäß Sheldrakes Ansicht handelt es sich bei diesen Feldern nicht bloß um irgendwelche mechanistischen Standardprozesse. Wir haben es hier mit einer wirklich neu entdeckten naturwissenschaftlichen Theorie zu tun. Die morphogenetischen Felder können sodann Gestalt annehmen, sich entwickeln, sie bergen in sich eine Geschichte und haben ein Gedächtnis. Morphische Felder sind außerdem Einflussgebiete in der Raum-Zeit – innerhalb der Systeme und um sie herum angesiedelt, die sie organisieren.

Die morphischen Felder sind demnach unsichtbare energetische Strukturen, die es ermöglichen, eine Verbindung zwischen »Teilnehmern« aufzubauen, wobei zwischen diesen Teilnehmern eine weitere Verbindung entsteht, gestützt durch das jeweilige morphogenetische Feld.

Da die quantenphysikalischen Erklärungen zuweilen mein Vorstellungsvermögen übersteigen, habe ich mir mein eigenes Bild davon gemacht: eine große Wolke (morphisches Feld), die das gesamte uns vorstellbare Universum umgibt. Die Lebewesen in diesem Universum können zu dieser Wolke, in der sämtliche Informationen gespeichert sind, durch gedankliche Kraft eine Verbindung aufbauen und somit Informationen an andere Lebewesen versenden. Letztendlich handelt es sich bei der telepathischen Kommunikation um nichts anderes als um ein Telefongespräch ohne Telefonapparate.

Angesichts meines Versuchs, das Funktionieren der Telepathie auf möglichst einfache Weise zu erklären, würden wahrscheinlich sämtlichen Quantenphysikern die Nackenhaare zu Berge stehen. Doch letztendlich geht es in diesem Buch nicht darum, quantenphysikalische Gegebenheiten zu beweisen, als vielmehr darum, Ihnen die telepathische Kommunikation näherzubringen.

Jetzt können Sie vielleicht nachvollziehen, wieso meine Katzen bei meiner Rückkehr aus dem Tierkommunikation-Seminar bereits wussten, wo ich war und was ich getan hatte. Da die telepathische Kommunikation ihre Hauptkommunikationsform ist, haben Sasima und Akimba unentwegt bewussten Kontakt zum morphischen Feld und können die Informationen daraus jederzeit abrufen. Somit wussten die beiden auch bereits bei meiner Heimkehr, dass sie künftig auf einer anderen Ebene mit mir kommunizieren konnten.

SASIMA

3. Aufwachen

Im folgenden Jahr verbrachte ich viel Zeit damit, mich mit dem Wiedererlernen der Tierkommunikation zu beschäftigen. Sie haben richtig gelesen: Wiedererlernen. Wir kommen nämlich alle mit der Gabe der telepathischen Kommunikation auf die Welt.

Während der ersten Monate bleibt den Neugeborenen nicht viel anderes übrig, als telepathisch zu kommunizieren. Wer Kinder hat, weiß, wovon ich spreche. Eltern und ihr Baby verständigen sich oft unbewusst telepathisch miteinander. Während der folgenden Jahre, in denen das

Kind die Sprache lernt, verlernt es durch Vernachlässigung, telepathisch zu kommunizieren. Dennoch verlieren wir die Fähigkeit der telepathischen Kommunikation nie ganz. Deshalb ist auch das Wiedererlernen nicht besonders schwierig, sondern reine Übungssache. Sicher gibt es begabtere und weniger talentierte Telepathen unter uns, aber lassen Sie sich durch diesen Umstand nicht aufhalten.

Nach meiner Ansicht ist die telepathische Kommunikation an und für sich sehr einfach. Was die ganze Angelegenheit ein wenig verkompliziert, sind unsere unruhigen und wenig zentrierten Lebensumstände. Kaum wachen wir am Morgen auf, schwirren Hunderte von Gedanken gleichzeitig durch unseren Kopf, wobei wir verlernt haben, der in uns wohnenden Stille zu lauschen. Dieser unruhige Wahnsinn dauert sodann den ganzen Tag an, bis wir uns am Abend wieder schlafen legen. Die andauernden Gedanken, Gefühlseindrücke und Stimmungen vernebeln unsere Wahrnehmung und blockieren sozusagen den Kanal, über den die telepathische Kommunikation erfolgt.

Eine Grundvoraussetzung für eine klare telepathische Kommunikation ist es, diesen Kanal von allem unnötigen Ballast zu befreien. Wenn Sie sich nun hinsetzen und versuchen, keine Gedanken zu haben, kommt Ihnen mit Sicherheit alles Mögliche und Unmögliche in den Sinn;

es will Ihnen nicht gelingen, keine Gedanken zu haben. Wir müssen unseren Verstand ein wenig überlisten und ihn beruhigen.

Die folgende Übung, zu der ich durch Dr. Frank Kinslows Buch »Quantenheilung. Wirkt sofort – und jeder kann es lernen« (dort S. 33) angeregt wurde, hilft wunderbar, damit die »Leitung« wieder freigeschaltet werden kann:

Setzen Sie sich an einem ungestörten, ruhigen Ort bequem hin und schließen Sie die Augen. Achten Sie nun eine halbe Minute lang auf Ihre Gedanken. Stellen Sie sich die Frage: »Woher kommt mein nächster Gedanke?«, und achten Sie darauf, was unmittelbar danach geschieht.
Irgendwann kurz darauf wird in Ihrem Gedankenstrom eine Lücke auftauchen, in der Sie »nichts« denken.

Wenn Sie sich diese Frage mehrmals pro Minute stellen, gewinnen Sie eine gewisse Übung; Sie werden sehen, dass die »gedankenlosen« Lücken immer länger werden. Später werden Sie erfahren, dass es beim Warten auf eine telepathisch empfangene Antwort sehr nützlich ist, genau diese Lücke zuzulassen, damit die Botschaft ungefiltert bei Ihnen eintreffen kann.

Wichtig ist, dass Sie diese Übung wiederholen, bis sie Ihnen in Fleisch und Blut übergegangen ist. Sie können sie den ganzen Tag über durchführen, auch während Ihrer alltäglichen Erledigungen. Ein toller Nebeneffekt ist, dass man sich entspannter fühlt, je länger die Gedankenlücken andauern. Ich mache diese Übung oft bei Tätigkeiten, die mir nicht so sehr zusagen. Beim Staubsaugen zum Beispiel. Und währenddessen vergesse ich, dass ich diese Hausarbeit eigentlich nicht gerne erledige; ich tue sie einfach – ohne jegliche Emotionen. Das spart eine unglaubliche Menge an Energie, die man sehr gut für andere, wichtigere Aufgaben gebrauchen kann.

Es gibt natürlich zahlreiche Möglichkeiten, den Verstand zu beruhigen und die Gedanken anzuhalten, doch aus meiner Sicht ist diese Übung die absolut wirksamste – und dazu noch die einfachste. Falls Sie das Bedürfnis haben, zusätzliche Meditationen zu machen, um sich zu zentrieren, zu erden und Ihren Geist zu beruhigen, finden Sie Anregungen im Kapitel »Übungen und Meditationen« (Seite 128 ff.). Selbstverständlich dienen diese Übungen nicht nur einer besseren telepathischen Kommunikation, sondern insgesamt Ihrer Ruhe und Zufriedenheit im Alltag.

Ich habe diesem Kapitel die Überschrift »Aufwachen« gegeben, weil ich es als zentral erachte, im wahrsten Sinne des Wortes aufzuwachen, bevor man sich der Tierkom-

33

munikation widmet. Damit meine ich, dass man realisiert, in welcher Fülle von Ablenkungen wir uns tagtäglich befinden, und sich dann bewusst aus diesen Ablenkungen und dauernden Aktivitäten herausnimmt und zur Ruhe kommt. Nur mit innerer und äußerer Ruhe ist eine telepathische Kommunikation erfolgreich.

4. Praktisch kommunizieren

Wenn ich Ihnen sage, dass es keine große Anstrengung ist, mit einem Tier zu sprechen, glauben Sie mir vielleicht nicht. Ich bin mir allerdings sicher, dass Sie mir zustimmen können, sobald Sie dieses Kapitel durchgelesen und durchgearbeitet haben.

Eigentlich funktioniert das Sprechen zwischen Mensch und Tier nicht anders als das Sprechen zwischen zwei Menschen. Wir stellen unserem Gegenüber eine Frage und erhalten von ihm eine Antwort – vorausgesetzt, dass keine gravierenden kommunikativen Probleme bestehen. Die Frage kann vis-à-vis gestellt werden oder zum Beispiel per Telefon. Die Antwort wird dabei auf demselben Weg empfangen, wie sie gesendet wird.

Die Kommunikation zwischen Mensch und Tier gestaltet sich nicht anders. Wir können mit einem direkt anwesenden Tier sprechen und ihm eine Frage stellen, oder wir fragen über eine »imaginäre Telefonleitung«, sofern das Tier nicht anwesend ist. Diese kann man sich in Form eines Lichtstrahls vorstellen, der das Herzchakra des Menschen mit dem Herzchakra des Tieres verbindet. Natürlich kann dieser Lichtstrahl auch bei einem Gespräch mit einem direkt anwesenden Tier von Nutzen sein.
Über diese Lichtbrücke können dem Tier Botschaften, Bilder und Gefühle gesendet werden. Dabei genügt die klare Vorstellung von dem, *was* gesendet werden soll, und die zielgerichtete Absicht, *dass* gesendet werden soll. Auf demselben Weg, wie wir die Botschaft an das Tier senden, empfangen wir Botschaften von ihm.

Ich möchte Ihnen in diesem Kapitel einen strukturierten Ablauf einer Tierkommunikation aufzeigen. Dies ist nur einer von vielen Wegen, aber es wird Ihnen zu Beginn hilfreich sein, sich an einem bestimmten Ablauf orientieren zu können. Mit zunehmender Praxis wird dieses Schema für Sie überflüssig und Sie entwickeln vielleicht – und hoffentlich – Ihre ganz persönliche Art der telepathischen

Kommunikation. Wichtig ist, dass es für Sie stimmig ist und Sie das Gefühl haben, mit einer bestimmten Art und Weise der telepathischen Kommunikation den Draht zum Lebewesen zu finden. Sie werden sehen, nach einer gewissen Zeit müssen Sie sich keine Schritte mehr überlegen und keine Gedanken darüber machen, was Sie nun zu tun haben. Diese Art und Weise der Kommunikation wird Ihnen in Fleisch und Blut übergehen, je mehr Sie üben. Also, lassen Sie uns das Abenteuer beginnen!

Vorbereitung

Wie bereits weiter oben erläutert, ist es zu Beginn jeder Tierkommunikation wichtig, das Alltagsgeschehen um uns herum für einen Moment zu verlassen und zur Ruhe zu kommen. Praktizieren Sie dazu die vorgeschlagenen Übungen und finden Sie dabei Ihre eigene Mitte. Wie viel Zeit Sie dafür aufwenden möchten, bleibt Ihnen überlassen. Sie werden selber am besten merken, wann Sie Ihre tiefe innere Ruhe gefunden haben.

Wenn Sie mögen, können Sie zusätzlich persönliche Geistführer, Schutzengel oder andere Wesen bitten, Sie bei der Tierkommunikation zu unterstützen. Ich persönlich frage immer meine beiden Katzen Sasima und Akimba, ob sie mir helfen wollen. Es vergeht kaum eine Kommunikation, wo nicht mindestens eine der beiden anwesend und unterstützend tätig ist. Diese Vorgehensweise, bei der ich um Unterstützung bitte, ist meine persönliche Art und Weise der Vorbereitung der Tierkommunikation.

Hier sind der Fantasie keine Grenzen gesetzt, von welcher Seite – wenn überhaupt – man sich Unterstützung holen mag. Das Wichtigste ist, dass man sich selber treu bleibt und sich immer wohlfühlt.

Die Kommunikation kann sodann mit dem anwesenden Tier oder mittels eines Fotos stattfinden. Sollte das Tier im Raum zugegen sein, genießen Sie zu Beginn der Kommunikation einen gemeinsamen Moment der Ruhe. Es bleibt Ihnen überlassen, ob Sie das Tier berühren oder ob es einfach neben oder bei Ihnen ist. Es spielt überdies auch keine Rolle, ob das Tier Sie anschaut oder nicht. Für eine telepathische Kommunikation ist kein Augenkontakt nötig. Stellen Sie jedoch sicher, dass das Tier im Moment keine wichtigen anderen Bedürfnisse hat oder durch äußere Umstände stark abgelenkt oder gar verängstigt ist. Die Kommunikation mit dem Tier von Angesicht zu Angesicht ist eine sehr eindrucksvolle Erfahrung. Sie wird von der Körpersprache der Tiere unterstützt. Es ist faszinierend, dem Tier dabei zuzusehen, wie es gestikuliert – sei das nun mit großen Bewegungen oder nur mit feinen Impulsen. Unser Kater Akimba kann einem zum Beispiel Blicke zuwerfen, die mehr sagen als tausend Worte. Mit den beiden Katzen und Dixon spreche ich oft von Angesicht zu Angesicht. Ich benutze hier unterstützend auch die menschliche Sprache.

Bei der Kommunikation mittels eines Fotos ist die Vorgehensweise ein und dieselbe. Zu Beginn mag es verwirrend sein, »bloß« ein Foto in den Händen zu halten. Vertrauen Sie darauf, dass es funktioniert, denn Zweifel legen einem bei der Tierkommunikation die größten Hindernisse in den Weg. Spricht man das Tier über ein Foto an, spielt die Distanz keine Rolle. Die Übertragung der Gedanken erfolgt jenseits der Grenzen von Raum und Zeit.

Wenn ich mit den Tieren anderer Menschen spreche, bevorzuge ich die Kommunikation über ein Foto – was meistens der Fall ist. Ich mag es, mit dem Tier ungestört zu sein und mir den passenden Zeitpunkt für eine Kontaktaufnahme auszusuchen.

Eine Stute, mit der ich über ein Foto kommuniziert habe, hat mir auf die Frage, ob ich mit ihr sprechen darf, geantwortet: »Jetzt nicht. Später.« Als ich die Halterin des Pferdes daraufhin angerufen habe, um ihr mitzuteilen, dass die Stute momentan nicht mit mir sprechen möchte, hat sie mir berichtet, im Stall seien soeben sehr laute Maschinen nah an ihr vorbeigefahren; die Stute sei darüber dermaßen erschrocken, dass sie nur noch in der Ecke der Box stand.

Ist ein Tier in einem solch aufgebrachten Zustand, hat es wenig Sinn, mit ihm ein Gespräch führen zu wollen.

Sollten Sie das Gefühl haben, gerade sei nicht der richtige Zeitpunkt, verschieben Sie die Kommunikation auf später. Den richtigen Moment werden Sie automatisch erspüren, wenn Sie auf Ihr Gefühl hören und es nicht anzweifeln. Ihr Gefühl täuscht Sie nie, Ihr Verstand hingegen schon.

Die Kommunikation

Begrüßung

Nachdem Sie Ihre Gedanken zur Ruhe gebracht haben, stellen Sie sich vor, dass ausgehend von Ihrem Herzchakra eine Lichtbrücke, ein Lichtstrahl, zum Herzchakra des Tieres führt.

Diese Lichtbrücke stellt die Verbindung zwischen Mensch und Tier dar, sie ist wie eine unsichtbare Telefonleitung, über welche nun die Gedanken, Gefühle und Botschaften zwischen den Lebewesen hin und her gesendet werden können. Sie können sich diese Lichtbrücke in beliebigen Farben vorstellen. Setzen Sie Ihrer Fantasie keine Grenzen und machen Sie es so, wie es für Sie stimmt.

Spüren Sie nun durch diese Lichtbrücke die Verbindung zum Tier und begrüßen Sie es. Wenn Sie mit dem Tier per Foto sprechen, ist es sehr hilfreich, das Foto in die linke Hand zu legen. (In den Handtellern befinden sich die

Handchakras, über welche Energien aufgenommen und abgegeben werden können. Dabei nimmt die linke Hand Energien auf, die rechte Hand gibt ab.) Sprechen Sie das Tier mit seinem Namen an, sofern es einen hat.

Lassen Sie jegliche Information in Form von Worten, Bildern und Gefühlen auf der Lichtbrücke zum Tier gelangen. Sie können die Information auch in Form von Bildern oder Gefühlen auf das Herzchakra des Tieres projizieren. Das sieht dann in Gedanken etwa so aus, als würden Sie mittels eines Diaprojektors ein Bild auf das Tier strahlen lassen.

Nachdem Sie das Tier begrüßt haben, stellen Sie sich selber vor und schildern dem Tier Ihre Absicht, mit ihm zu sprechen. Auch diese Information wird über die Lichtbrücke zum Tier projiziert oder gesendet.

Um Kommunikation bitten

Bitte fragen Sie das Tier immer, ob es bereit ist, mit Ihnen zu kommunizieren. Die Mitteilung wird auch hier über den Lichtstrahl gesendet und kann in beliebiger Form erfolgen. Wir können dem Tier zum Beispiel ein Bild senden, worauf zu sehen ist, wie miteinander gesprochen wird, wir können aber auch einzelne Sätze senden.

Sprechen Sie nicht ohne vorheriges Einverständnis des Menschengefährten mit einem Tier, das in Obhut lebt!

Dies ist eine Frage der Ethik und sollte unbedingt beachtet werden. Ausnahmen gibt es natürlich immer, zum Beispiel wenn man mit einem Tier etwas klären möchte, ohne dass eine Verbindung mit dem Menschen möglich ist.

Jagt etwa ein vorbeilaufender Hund abermals unseren Katzen hinterher, weise ich zuerst den »Hundemenschen« darauf hin, dass unsere Katzen nicht gerne Herzinfarkte erleiden und er bitte darauf achten möge, dass sein Hund unseren Katzen nicht den Garaus macht. Nutzt dies nichts, wende ich mich direkt an den Hund und vermittle ihm, dass dieses Spiel für andere Beteiligte nicht denselben Spaßeffekt hat wie für ihn selber.

Mit obigem Hinweis meine ich, dass man fremde Tiere nicht ausfragen oder über Dinge mit ihnen sprechen sollte, die einen nichts angehen.

Antworten empfangen

Lassen Sie mich Ihnen versichern, dass das Senden wie auch das Empfangen von Botschaften gleichermaßen einfach sind. Da uns das Senden der Botschaften an das Tier in der Regel weitaus leichter erscheint, konzentrieren wir uns im Folgenden auf das, was uns schwerer fällt: das Empfangen dessen, was uns das Tier mitzuteilen hat.

Bevor wir uns dem Empfangen der Botschaften widmen, will ich Sie ermutigen: Jeder von uns kann Botschaften vom Tier empfangen! Es gibt keine Ausnahmen. Das Einzige, was Ihnen dabei im Wege stehen kann, sind Sie selbst. Also lassen Sie uns gemeinsam einen Weg finden, wie Sie mit Ihrem Tier sprechen können.

Da Menschen jeweils grundverschieden sind, unterscheidet sich auch Ihre übersinnliche Wahrnehmung und die Art und Weise, wie Sie Botschaften der Tiere empfangen, von denen anderer Menschen. Ihre Wahrnehmung ist dabei sehr individuell, wobei es kein Richtig oder Falsch gibt. Es gibt verschiedene Methoden, wie die übersinnliche Wahrnehmung eingestuft werden kann, aber was Sie daraus machen und damit anfangen, ist ganz allein Ihre Sache.

Jeder gesunde Mensch verfügt über die fünf Sinne Sehen, Hören, Fühlen, Riechen, Schmecken. Darüber hinaus hat jeder Mensch die bereits erwähnten Übersinne Hellsehen, Hellhören, Hellfühlen und Hellwissen. Wie auch bei den fünf Sinnen haben wir eine ausgeprägtere Begabung für einen der Übersinne.

Sehr wahrscheinlich sind Sie in der Vergangenheit unbewusst oder bewusst bereits mit Ihrem ausgeprägten Übersinn in Kontakt gekommen. Sie mögen sich erinnern, dass Sie während des Schlafes besonders intensiv geträumt und dabei gestochen scharfe Bilder wahrgenommen haben. Oder vielleicht bemerkten Sie, während Sie wie nebenbei Radio gehört haben, dass gewisse Worte sehr klar in Ihren Ohren erklangen. Manchmal kommt es vor, dass wir am Morgen aufwachen und plötzlich gewisse Dinge wissen, obwohl es keine vernünftige Erklärung dafür gibt und einem der Ursprung dieses Wissens nicht klar ist. Ganz interessant ist es, wenn wir uns an bestimmten Orten aufhalten und plötzlich von Gefühlen übermannt werden, obwohl wir meinen, keinen Bezug zu ihnen zu haben, sprich: ohne dass es einen äußeren Auslöser dafür gibt.

Für gewöhnlich nehmen wir die Botschaften der Tiere über den uns gängigsten übersinnlichen Kanal wahr. Wenn Sie herausfinden, welcher Ihrer Übersinne Ihnen die klarsten Antworten der Tiere bringt, wird die Sache schon viel einfacher. Mit den folgenden Übungen für das Hören, Sehen, Fühlen und Wissen werden Sie herausfinden, wo Ihre Stärken bei der übersinnlichen Wahrnehmung liegen. Konzentrieren Sie sich im Gespräch mit Ihrem Tier auf diesen Sinn, werden Sie sehen, dass alles beinahe wie von selbst geht. Lassen Sie uns beginnen!

Hellhören

Wenn Ihr ausgeprägter Kanal das Hellhören oder Klarhören ist, werden Sie Tierbotschaften hauptsächlich über das Gehör wahrnehmen. Dabei kann es sein, dass sich

44

diese Stimme laut oder ganz leise anhört. Es kann sein, dass Sie nur den Hauch einer Stimme wahrnehmen und Sie sozusagen Gedanken hören. Dabei kann es Ihre eigene Stimme oder eine andere sein.

Übung Hellhören

Setzen Sie sich bequem hin und nehmen Sie ein paar tiefe, entspannende Atemzüge. Sobald Sie Ihre innere Ruhe gefunden haben, konzentrieren Sie sich auf Ihre Ohrchakras, welche sich wenige Zentimeter über Ihren Ohren befinden. Verschließen Sie in Gedanken Ihr physisches Gehör und nehmen Sie Ihre Ohrchakras erneut wahr.

Konzentrieren Sie sich auf sie und stellen Sie Ihrem Tier eine Frage, sei dies direkt oder über ein Foto. Während Sie in Gedankenstille (vgl. Übung »Gedanken anhalten«, Seite 32) auf die Antwort lauschen, konzentrieren Sie sich weiter auf Ihre Ohrchakras und empfangen die Antwort des Tieres an dieser Stelle, über den Kanal des Hellhörens. Das Wichtige bei dieser Übung ist, dass Sie Ihr Gehör nach außen wirklich dichtmachen und nur noch über die Ohrchakras auf die Übermittlung der Botschaft lauschen.

Achten Sie genau darauf, wie die Botschaft zu Ihnen gelangt und wie sie tönt. Wie hört sich die Stimme des Tieres an? Ist sie laut, leise, kaum hörbar? Hat das Tier eine bestimmte Wortwahl, welche Ihnen vielleicht nicht geläufig ist? All dies sind wichtige Informationen; sie lassen Sie im Zweifelsfall besser unterscheiden, ob die Botschaft von Ihrem Tier stammt oder ob Sie sich diese selber gegeben haben.

Schreiben Sie Ihre Erfahrungen mit dieser Übung unbedingt auf, damit Sie immer wieder darauf zurückgreifen und nach den folgenden Übungen feststellen können, welcher übersinnliche Kanal Ihnen am besten zum Empfangen der Botschaften dient.

***

Hellsehen

Wer im Hellsehen oder Klarsehen seine ausgesprochene Begabung hat, merkt schnell, dass er oder sie visuell veranlagt ist und dass Bilder und die Art, wie man etwas betrachtet und anschaut, sehr wichtig sind. Hellsehend veranlagte Menschen können sich sehr gut bildlich etwas vorstellen. Auch ihre Träume sind geprägt von klaren Bildern, ja zum Teil ganzen Filmen, an welche sie sich sehr gut erinnern können. Hellsehende Menschen haben die Begabung, Auras, Energiefelder und die geistige Welt ganz oder teilweise zu sehen.

Natürlich nimmt jeder Mensch diese Wahrnehmungen unterschiedlich auf. Grundsätzlich kann man unterscheiden zwischen innerem und äußerem Sehen. Das innere Sehen geschieht hauptsächlich über das Dritte Auge, das sich in der Region zwischen unseren Augenbrauen befindet. Diese Botschaften werden Sie bildlich wahrnehmen, wenn Sie Ihre physischen Augen schließen und sich auf das Dritte Auge konzentrieren.

Es gibt Menschen, welche die geistige Welt auch mit den geöffneten physischen Augen sehen. Viele Menschen wünschen sich nichts sehnlicher, als hellsichtig zu sein, und empfinden diesen Übersinn als besonders wertvoll. Sie konzentrieren sich bei der Kommunikation mit den Tieren womöglich nur auf die Bilder, welche sie empfangen sollten.

Finden Sie unbedingt heraus, welcher der Übersinne Ihnen am meisten liegt und über welchen Sie die Botschaften am besten empfangen können. Es kostet Sie unnötig Kraft und Mühe und führt nicht selten zu Frustration, wenn Sie unbedingt durch Hellsichtigkeit Botschaften empfangen möchten, obwohl ein anderer Kanal Ihnen viel mehr liegt und Sie viel einfacher kommunizieren lässt.

Seien Sie bitte nicht erstaunt, wenn Sie bei der folgenden Übung plötzlich Schmerzen im Kopfbereich verspüren. Die Ursache liegt darin, dass die Chakras geöffnet werden, nachdem sie vielleicht jahrzehntelang verschlossen waren.
Katja, eine Kursteilnehmerin, berichtete nach der Übung, ihr Kopf sei so heiß, als platzte er nächstens.
Sollten Sie nach einer Übung derart unangenehme Gefühle erfahren, konzentrieren Sie sich bitte darauf, dass die freigesetzte Energie ungehindert fließen kann: Stellen Sie sich dabei vor, dass sie über Ihr Kronenchakra oder das Dritte Auge Ihren Körper verlässt.

Übung Hellsehen

Setzen Sie sich bequem hin, schließen Sie Ihre Augen und nehmen Sie ein paar tiefe, entspannende Atemzüge. Sobald Sie Ihre innere Ruhe gefunden haben, konzentrieren Sie sich auf Ihr Drittes Auge, das sich zwischen Ihren Augenbrauen oder leicht oberhalb davon befindet (Stirnchakra). Vielleicht empfinden Sie an dieser Stelle ein Kribbeln, Wärme oder Kühle. Dies sind Zeichen, dass Ihr Drittes Auge mit Energie versehen ist und sich öffnet. Sehen Sie, ob das Dritte Auge geschlossen oder schon geöffnet ist? Falls es geschlossen sein sollte, bitten Sie es, sich zu öffnen.

Konzentrieren Sie sich auf das Dritte Auge und stellen Sie Ihrem Tier eine Frage. Während Sie in Gedankenstille (vgl. Übung »Gedanken anhalten«, Seite 32) die Antwort zu Ihnen kommen lassen, konzentrieren Sie sich weiter auf Ihr Drittes Auge und empfangen die Antwort des Tieres in Bildern an besagter Stelle. Schreiben Sie Ihre Erfahrungen auf, nachdem Sie die Antwort empfangen haben. Wie haben Sie die Antwort im Vergleich zum Hellhören wahrgenommen? Ging es besser oder schlechter? Halten Sie Ihre Empfindungen fest, damit Sie diese nachher vergleichen können, um herauszufinden, welches Ihr ausgeprägtester Kanal der übersinnlichen Kommunikation ist.

Führt man diese Übungen in einer Gruppe durch und tauscht danach das Erfahrene aus, wird man immer feststellen, dass keine zwei Personen die gleichen Empfindungen hatten. Die Beobachtung, dass die übersinnliche Wahrnehmung von Mensch zu Mensch verschieden ist, auch wenn sie über denselben Kanal empfangen wird, ist sehr wichtig. Alles andere lässt Verunsicherung wachsen und bildet einen Nährboden für Selbstzweifel. Die unterschiedliche Wahrnehmung fängt schon damit an, ob man direkt über das Dritte Auge Bilder empfängt oder sie eher als Bilder gemäß einem Tagtraum erkennt oder sich etwas vorstellt.

Lassen Sie sich also nicht verunsichern und trauen Sie Ihrer Wahrnehmung. Es ist Ihre Art der Wahrnehmung und es gibt keine bessere oder schlechtere Form davon, sondern einzig und allein eine, welche für Sie stimmt.

***

Hellfühlen

Stellen Sie sich vor, Sie öffnen die Tür zu einem Raum und sehen, wie zwei Menschen hier eine hitzige Diskussion austragen. Als die beiden Sie erblicken, halten sie inne. Es kann sein, dass Sie nun ein Gefühl übermannt, eines von dem Sie nicht wissen, woher es kommt oder zu wem es gehört. Sie nehmen in diesem Augenblick wahrscheinlich ein Gefühl der Spannung, vielleicht der Wut und der Angst wahr.

Was ist geschehen? Während die beiden Menschen zusammen diskutieren, baut sich im ganzen Raum eine Schwingung auf, die den Gemütszustand der Beteiligten widerspiegelt. Wenn Sie als unbeteiligte Person nun den Raum betreten, liegt diese Spannung »in der Luft« und wird von Ihnen wahrgenommen.

Ein anderes Beispiel: Meine Freundin Kathrine war dabei, die Ferien zu planen. Da sie Ägypten sehr gerne mag und dieses Land aufgrund mehrerer Reisen gut kennt, buchte sie im Reisebüro. Beim Gedanken an die bevorstehende Reise überkam sie jedoch zunehmend ein ganz ungutes Gefühl. Sie konnte nicht genau sagen weshalb, denn es gab keinen offensichtlichen, vernünftigen Grund. Weil dieses Unbehagen anhielt, entschied sie sich, die Reise zu stornieren, und buchte ersatzweise eine Reise nach Paris. Zwei Tage später erfuhr sie aus den Nachrichten, dass in Ägypten Anschläge verübt worden waren. Kathrine hat auf hellfühlige Art wahrgenommen, dass die Reise in dieses Land nicht optimal enden würde.

Ich erinnere mich in diesem Zusammenhang gut an ein kürzlich abgehaltenes Seminar. Die Teilnehmenden saßen alle im Kreis, während ich erzählte. Plötzlich wurde es unruhig und ich schaute die Menschen in der Runde an. Eine Teilnehmerin saß schluchzend da, Tränen liefen über ihre Wangen. Ich erschrak ein wenig und fragte mich, ob ich wohl etwas »Falsches« gesagt oder getan hatte, und als ich sie ansprach, meinte sie: »Seit ich diesen Raum betreten habe, übermannt mich eine unerklärliche Traurigkeit, die so stark ist, dass ich einfach weinen muss.

Es geht mir doch gut, ich weiß gar nicht, weshalb ich so stark weinen muss.« Auch das war eine Situation, in der die Teilnehmerin Energien fühlte, welche nicht ihre eigenen waren. Da sie selber aber einen starken Zugang über das Gefühl hat, nahm sie diese Energien wahr.

Wie oft haben Sie sich schon gesagt: »Hätte ich doch auf mein Gefühl gehört, es war von Anfang an nicht gut!«, nachdem etwas geschehen ist. Dieses innere Gefühl hinsichtlich einer Situation oder einer Person bezeichnet man als Hellfühlen. Wenn Sie Übung im Hellfühlen gewinnen, werden Sie manche Situation in Ihrem Leben mit dieser wertvollen Hilfe besser einschätzen und nach Ihrem Gefühl handeln können.

Anlässlich der Auswahl eines neuen Geschäftsführers für eine Firma wurde ich nach den Bewerbungsgesprächen gebeten, die Bewerbungen »auszupendeln«, wie es mein Auftraggeber nannte. Ich fragte mich, wie ich mich durch die Berge von Bewerbungen durchpendeln sollte und was wohl die geeignete Pendelfrage wäre. Die Sache schien mir ziemlich kompliziert. Spontan entschied ich mich, die Bewerbungen nicht auszupendeln, sondern die Bewerber in Bezug auf die zu besetzende Stelle zu erfühlen. Ich schaute mir in der Folge weder das Dossier noch das Foto der Betreffenden an, sondern setzte mich mit geschlossenen Augen hin und fühlte mich hinein. Und siehe da: Was die Personen, welche die Bewerbungsgespräche führten, über die Bewerber resümierten, entsprach dem, was ich erfühlte. Das heißt, jene Bewerber, die sich als ungeeignet für die Stelle herausstellten, waren auch diejenigen Personen, die ich als ungeeignet erfühlte.

Übung Hellfühlen

Setzen Sie sich bequem hin, schließen Sie Ihre Augen, zentrieren Sie sich durch ein paar tiefe Atemzüge und lenken Sie Ihre Aufmerksamkeit auf Ihr Herzchakra. Was fühlen Sie an dieser Stelle? Fühlen Sie eine Enge, eine Beklemmung oder ist Ihr Herz bereits ganz weit und leicht?

Falls Sie ein unangenehmes Gefühl an dieser Stelle wahrnehmen, stellen Sie sich vor, dass sich im Zentrum Ihres Herzchakras ein Licht entzündet: Es wird bei jedem Ihrer Atemzüge heller und größer, bis es über Ihren physischen Körper hinauswächst. Verweilen Sie einen Moment ruhig atmend, sich auf dieses Licht in Ihrem Herzchakra konzentrierend, bis das Gefühl der Beklemmung einem leichten, weichen Gefühl der Zufriedenheit weicht. Stellen Sie dem Tier nun eine Frage, wie es im Hinblick auf eine bestimmte Situation oder ein anderes Tier fühlt, und nehmen Sie die Antwort als Gefühl in Ihrem Herzchakra wahr. Dabei werten Sie das erhaltene Gefühl ganz nach Ihren eigenen Kriterien. Dem Gefühl, das Sie empfangen, können weitere, begleitende Eingaben folgen.

Schreiben Sie auch nach dieser Übung auf, wie Ihre Empfindungen in Bezug auf die empfangene Antwort sind.

Ich habe weiter vorne geschrieben: »Ihr Gefühl täuscht Sie nie, Ihr Verstand hingegen schon.« Diesbezüglich muss noch ausgeführt werden, dass es ein Gefühl im Sinne der übersinnlichen Wahrnehmung gibt. Dieses Gefühl täuscht Sie tatsächlich nie. Was wir landläufig unter »Gefühl« verstehen, ist kein Gefühl der übersinnlichen Wahrnehmung, sondern zum Beispiel eine Befürchtung, die auf unserer allgemeinen Angst beruht. Dieses Gefühl kann Sie durchaus täuschen. Es gilt somit immer zu unterscheiden, ob es sich um Hellfühlen oder um eine projizierte Angst in Form einer Befürchtung handelt.

Unterscheiden können Sie das, indem Sie sich die Frage stellen, ob Ihr Gefühl Angst oder eine Befürchtung als Grundlage hat. Dabei müssen Sie der Ursache des Gefühls wirklich auf den Grund gehen. Können Sie die Herkunft des Gefühls nicht zurückverfolgen und müssen sagen: »Ich weiß nicht wieso, aber ich habe das Gefühl, dass …«, handelt es sich höchstwahrscheinlich um ein hellfühlig erhaltenes Gefühl.

Sofern Sie eine Ursache finden, ist die Wahrscheinlichkeit groß, dass das Gefühl verstandesbedingt zustande gekommen ist. Verstandesbedingte Gefühle beruhen oft auf (negativen) Erfahrungen. Wenn eine Pferdebesitzerin zu Hause sitzt und sich fragt, was ihr Pferd wohl gerade auf der Koppel macht, weil ihr der Umstand bekannt ist, dass sich ihr Pferd in der Vergangenheit mehrfach verletzt hat, wird das Gefühl, welches diese Person übersinnlich wahrnehmen könnte, wahrscheinlich durch das Gefühl der Angst (Angst, dass sich das Pferd erneut verletzen könnte) überschattet und vertuscht. Das Gefühl, welches sie nun wahrnimmt, ist ein ungutes; sie kann aber durch Rückverfolgung der Grundlage des Gefühles erkennen, dass es wahrscheinlich verstandesorientiert zustande kam. Wenn Sie es nun schaffen, Ihren Verstand vollständig zur Seite zu schieben, und sich auf Ihr wirkliches Gefühl im Herzchakra konzentrieren, werden Sie auch eine wahre Antwort bekommen.

***

Hellwissen

Hellwissen ist die übersinnliche Fähigkeit, plötzlich etwas zu wissen, ohne sich erklären zu können, woher dieses Wissen stammt. Menschen, die Botschaften hellwissend empfangen, bezeichnen diese Wahrnehmung auch als »Eingebungen«. Hellwissende Menschen empfangen diese Botschaften in Form plötzlicher Ideen, Geistesblitze oder Gedanken. Es fühlt sich an, als hätte uns jemand dieses Wissen einfach eingepflanzt oder einprogrammiert.

Ich kann mich an eine Physikstunde am Gymnasium erinnern. Ich muss dazu noch anfügen, dass Physik absolut nicht meine Stärke war und ich mich mehr schlecht als recht durch die Materie kämpfte. In dieser besagten

Stunde erklärte unser Lehrer etwas, wobei keiner in der Klasse – nicht mal die beiden intelligentesten Jungs – das Vermittelte begriff oder nachvollziehen konnte. Auch in meinem Hirn ratterte und knatterte es, wobei ich sowieso keine Hoffnung hatte, irgendetwas von den Ausführungen des Lehrers zu begreifen. Kurz gesagt, ich verstand nicht ansatzweise, wovon der Herr sprach. Doch plötzlich, ich kann bis heute nicht erklären, wie es dazu kam, war mir alles sonnenklar. Mir – als Einziger in diesem Klassenzimmer, als gäbe es nichts Selbstverständlicheres. Ich sagte: »Ja, ich seh's, das ist ja ganz logisch.« Während alle Augen mehr als erstaunt auf mich gerichtet waren, erklärte ich umfassende physikalische Zusammenhänge. Der Lehrer strahlte vor Freude über meine Aussagen, er war offenbar der Einzige im Raum, der über mein Wissen nicht erstaunt war. Ich konnte nicht sagen, woher ich diese Dinge plötzlich derart zusammenhängend wusste und sogar erklären konnte.

Im Nachhinein erkannte ich, dass dies ein Erlebnis war, hellwissend Botschaften zu empfangen. Es war (leider) übrigens das erste und einzige Mal in meiner gymnasialen Laufbahn, dass ich in diesem Fach derart brillierte.

Hellwissende Menschen sind oft sehr verstandesorientiert oder intellektuell – was es diesen Menschen nicht wirklich einfacher macht, an das zu glauben, was sie empfangen. Wie auch? Es gibt ja keinen vernünftigen Grund, dieses plötzliche Wissen zu erklären.

Mein Mann hat außerordentliche hellwissende Fähigkeiten. Ist er zum Beispiel mit einer Herausforderung konfrontiert, kann er sich hinsetzen, sich darauf konzentrieren – und schon zeichnet sich die Lösung scheinbar wie von Zauberhand ab. Spricht man ihn darauf an, woher er das plötzlich weiß, sagt er nur: »Keine Ahnung, ich weiß es einfach.« Das führt übrigens nicht selten dazu, dass er in einer entsprechenden Situation äußert: »Ich hab's ja von Anfang an gesagt ...«

Wenn Hellwissende zu Beginn der Entwicklung ihrer Fähigkeiten nicht auf das Empfangene vertrauen, werden sie diese Skepsis relativ schnell ablegen – weil sie nämlich ein paarmal das Hellwissende nicht umgesetzt haben und im Nachhinein erkennen, dass sie besser auf das innere Wissen vertraut hätten.

Als ich mir nach meinem Jurastudium überlegte, wie meine berufliche Zukunft wohl aussehen mochte, kam ich auf keinen grünen Zweig. Das Studium machte mir zwar Spaß, aber ich sah mich überhaupt nicht in diesem Beruf. Zu dieser Zeit hatte ich noch keine Kenntnis über die übersinnlichen Zugänge. So kam es, dass ich das innere widerstrebende Gefühl für diesen Beruf missachtete und mich eher schlecht als recht für die Anwaltsprüfungen vorbereitete. Es kam, wie es kommen musste: Ich flog hochkant durch diese anspruchsvolle Prüfung. Ich versagte auf ganzer Linie.

Als ich am Abend, nachdem ich das negative Prüfungsergebnis erfahren hatte, joggen ging, fühlte ich mich so frei wie noch nie! Ich weinte vor Glück, diese Prüfung nicht bestanden zu haben und nun endlich tun zu können, worauf ich wirklich Lust hatte. Doch dies stellte mich vor eine neue Herausforderung. Ich wusste ja nicht, was ich wirklich wollte. Und so kam es, dass ich mich für die Welt jenseits des Sichtbaren zu interessieren begann. Ich entdeckte eine wahre Leidenschaft für die telepathische Kommunikation mit Tieren.

Doch irgendetwas fehlte. Ich war nicht ganz glücklich, ich hatte das Gefühl, meine Aufgabe bestehe noch aus mehr. Doch aus was? Ich versperrte mir den Zugang zur Antwort lange Zeit selber. Als ich eines Tages mit meinem Mann darüber sprach, dass ich nicht wisse, was ich noch tun sollte, sagte er spontan: »Schreib doch ein Buch über die Tierkommunikation.« Genau. Ich hatte mir erhofft, von ihm einen ehrlichen Rat zu bekommen, und bekam ihn. Allerdings sträubte ich mich noch etliche Zeit gegen den Rat meines hellwissenden Mannes, der mir täglich in den Ohren lag, ich solle jetzt das Buch schreiben.

Eines Tages suchte ich voller Verzweiflung eine Astrologin auf. Nach kurzem Blick in die Sterne sagte sie mir: »Schreiben Sie ein Buch.«

Als ich meinem Mann davon erzählte, sagte er: „Das glaub ich jetzt nicht! Ich sage dir seit einem Jahr jeden Tag, dass du ein Buch schreiben sollst, und mir glaubst du kein Wort!« Natürlich glaubte ich ihm nicht, ich wusste ja bis

57

zu diesem Zeitpunkt nicht, dass er es hellwissend wahrgenommen hatte.

Sofern Sie bei den bereits absolvierten Übungen keinen bevorzugten Kanal gefunden haben, könnte es durchaus sein, dass Sie hellwissend sind. In den Seminaren stelle ich immer wieder fest, dass es außerordentlich viele hellwissende Menschen gibt. Meist sagen hellwissende Menschen von sich selber, sie könnten nicht mit Tieren sprechen; sie würden sowieso nichts wahrnehmen und der Zugang sei total versperrt. Dies hängt wohl damit zusammen, dass beim Hellwissen anfänglich schwer zu unterscheiden ist, ob der eigene Verstand einem Antworten liefert oder ob sie nun von höherer Warte kommen.

Menschen, die in den Seminaren keine Erfolge bei der telepathischen Kommunikation haben und gehäuft einfach nichts wahrnehmen – oder wie sie sagen: keine Antwort erhalten –, rate ich, beim Empfangen von Antworten einfach darauf zu achten, was ihnen in den Sinn kommt. So passiert es, dass Menschen, welche von sich behaupten, nichts empfangen zu können, plötzlich lossprudeln und gar nicht mehr aufhören wollen zu empfangen. Es ist bei den Seminaren immer eine wahre Freude, Hellwissenden zuzusehen, wie der Knopf aufgeht.

Übung Hellwissen

Setzen Sie sich bequem hin, schließen Sie Ihre Augen und atmen Sie ein paarmal tief ein und aus, bis Sie Ihre innere Mitte gefunden haben. Konzentrieren Sie sich nun auf den Bereich Ihres Kronenchakras. Es befindet sich auf Ihrer Schädeldecke auf dem höchsten Punkt Ihres Kopfes. Über das Kronenchakra empfangen wir hellwissende Botschaften. Sie können sich vorstellen, dass an diesem Punkt ein Trichter befestigt ist, der Ihnen das Wissen einflößt. Stellen Sie Ihrem Tier nun eine Frage und konzentrieren Sie sich in Gedankenstille auf Ihr Kronenchakra. Empfangen Sie die Botschaft an dieser Stelle.

Schreiben Sie auch diese Erfahrung auf, um sie mit den anderen Ergebnissen über die übersinnlichen Kanäle zu vergleichen.

***

Wenn Sie die oben beschriebenen Übungen sorgfältig gemacht und die Erfahrungen verglichen haben, wird Ihnen auffallen, dass Sie über einen bestimmten Kanal bevorzugt und besser wahrnehmen können als über die anderen drei Kanäle.

Natürlich kommt es vor, dass sich Mischformen dieser Wahrnehmungskanäle ergeben. Machen Sie Erfahrungen damit, probieren Sie aus und spielen Sie mit den Möglichkeiten, welche Ihnen zur Verfügung stehen. Nur so können Sie Ihre ganz persönliche Art und Weise der telepathischen Kommunikation herausfiltern und sich beim

Empfangen der Botschaften auf sie konzentrieren. Es gibt dabei nichts, was es nicht gibt. Die oben beschriebenen Vorgehensweisen sind lediglich Hilfestellungen und sollen Ihnen einen Einstieg ermöglichen.

Am vergangenen Wochenende ließ ich Seminarteilnehmer diese Übungen durchführen. Dorette, eine Teilnehmerin, berichtete danach, dass sie sich beim Empfangen der Botschaften auf das Herzchakra konzentrierte und dabei glasklare Bilder empfing. Sie hat ganz ungezwungen herausgefunden, wie die telepathische Kommunikation für sie am besten funktioniert. Ich ermutige Sie, dies unbedingt ebenfalls zu tun!

Doch zurück zur eigentlichen Kommunikation: Nachdem Sie das Tier um Kommunikation gebeten haben und ihm in dieser Form auch die erste Frage gestellt haben, warten Sie auf die Antwort, während Sie sich auf Ihren bevorzugten Kanal konzentrieren. Ich schreibe das extra so simpel, weil es eben so simpel sein soll. Die Antwort soll ohne Erwartung erfolgen. Heißen Sie jegliche Antwort willkommen, indem Sie ruhig und gelassen empfangsbereit sind. Erinnern Sie sich an den Zustand der Leere, denn so finden die Antworten am einfachsten Zugang zu Ihnen. Zu viele eigene Gedanken oder Gefühle können den Weg für die Antwort versperren. Die Antwort kann in Form eines Gefühls oder Geruches, als Bilder, Worte oder in einer Kombination davon erfolgen. Hilfreich beim Empfangen von Antworten ist es, wenn der zuvor beschriebene Zustand der Leere, die Lücke, da ist (vgl. Übung »Gedanken anhalten«, Seite 32) und man auf das achtet, was unmittelbar nach der Lücke auftaucht.

Es ist das Empfangen der Antwort, das den Menschen bei der Tierkommunikation am schwersten fällt: Man fragt sich oft, ob es nun die eigenen Gedanken waren, die sich hier eingeschlichen haben, oder ob man sich einfach selber etwas zusammenreimt. Diese Unsicherheit vergeht aber, je mehr Sie üben. Wenn Sie erst einmal erfahren haben, wie es ist, telepathisch zu kommunizieren, werden Sie sich daran gewöhnen und bald nicht mehr an der Richtigkeit der Antworten zweifeln. Besinnen Sie sich immer und immer wieder auf den gedankenleeren Raum, an die Lücke oder die Stille, welche der zu empfangenden Antwort vorangeht. Sobald Sie sich auf die Stille konzentrieren und ihr quasi lauschen, wird sich die Antwort ohne Ihr weiteres Zutun einstellen.

Oft begrenzen wir uns hinsichtlich der Antwort durch unseren Verstand. Wir haben ein bestimmtes Spektrum an Möglichkeiten, welche für eine Antwort infrage kommen, und wählen unbewusst aus ihm aus. Dass es aber unzählige Varianten außerhalb unseres Vorstellungsbereiches gibt, lässt unser Verstand nicht zu. Aus diesem Grund ist es essenziell, sich von der Verstandesebene zu lösen und durch den gedankenleeren Raum zu empfangen, was als Antwort vom Tier gesendet wird.

Um das Senden und Empfangen von Botschaften zu trainieren, eignet sich die Übung »Telepathisch Farben und Gegenstände senden« (siehe Kapitel »Übungen und Meditationen«): Zwei Menschen sitzen sich gegenüber, wobei der eine an eine Farbe denkt und sie telepathisch an den anderen sendet. Bei einem Einsteigerkurs Tierkommunikation konnte ich als Beobachterin daneben stehen und hörte Kathrine sagen: »Du hast mir die Farbe helles Ocker gesendet.« Ihr Gegenüber war nicht schlecht erstaunt, dass Kathrine die nicht zu erwartende, eher ungewöhnliche Farbe erkannte. Kathrine war in dem Moment, als sie die Antwort erhielt, völlig frei von eigenen Gedanken und jeglichen vorprogrammierten Antworten.

Ein anderes Beispiel in diesem Zusammenhang hat Akimba meiner Lehrerin gegeben: Susanna befragte den Kater über Dominik, meinen Mann, und wollte von ihm wissen, wie er zu ihm stehe. Akimba antwortete nur knapp: »Super Kissen!«
Susanna konnte absolut nichts mit dieser Antwort anfangen, sie ergab für sie keinen Sinn. Dennoch vertraute sie auf ihre Wahrnehmung und leitete die Botschaft an mich weiter. Ich musste lachen, als ich sie las. Akimba legt sich

nämlich in der Nacht regelmäßig auf Dominiks Kopfkissen und schläft genüsslich darauf …

Zweifellos ist es beim Empfangen von Antworten sehr hilfreich, Bestätigung von Menschen zu bekommen, die mit Tieren zusammenleben. Beim Erlernen der Tierkommunikation ist es deshalb zu Beginn ratsam, sich mit Tieren zu unterhalten, die nicht zu einem gehören und über die man entweder gar nichts oder nur Rudimentäres weiß. Auf diese Weise kann man das Empfangene mit den Schilderungen des betroffenen Menschen vergleichen.

Was aber ist, wenn man partout keine Antwort erhält? Auch das passiert zuweilen. Dafür kann es verschiedene Gründe geben. Womöglich ist die Frage, welche man dem Tier stellt, nicht beim Tier angekommen, kann also einfach nicht beantwortet werden. In diesem Fall überprüfen Sie, ob die Lichtbrücke – die unsichtbare »Telefonleitung« – zwischen Ihnen und dem Tier noch intakt ist, und wiederholen dann die Frage an das Tier.
Sollte erneut keine Antwort kommen, kann es sein, dass das Tier keine Antwort geben mag und Ihnen quasi »Stille« sendet. Fragen Sie das Tier in diesem Fall, ob es Ihnen eine Antwort zu einem anderen Zeitpunkt geben mag, und kehren Sie später erneut zu dieser Fragestellung zurück. Sollte das Tier Ihnen antworten, dass es auf diese Frage auch später keine Antwort geben mag, haben wir das auf jeden Fall zu akzeptieren. Das Tier hat seine

Gründe, und der dazugehörige Menschengefährte wird auch aus dem Schweigen des Tieres seine Schlüsse ziehen können. Dieser Umstand hat nichts mit Unfähigkeit zu tun, sondern ist so zu akzeptieren.

Die einjährige Katze meiner Nachbarin brachte im vergangenen Sommer ganz überraschend ein einziges Junges zur Welt. Weil meine Nachbarin nicht wusste, wie sie das Kätzchen nennen sollte, nannte sie es vorübergehend »Schnüggeli«, ein Schweizer Ausdruck für etwas sehr Herziges, Schnuckeliges. Eines Tages bat sie mich, Schnüggeli zu fragen, wie sein wirklicher Name sei. Ich erhielt jedoch darauf nicht den Hauch einer Antwort.
Es ist in diesen Fällen auch angezeigt, ganz offen zu sein und zu sagen: »Ich erhalte keine Antwort.« Sie können dann in die Gesamtsituation hineinfühlen, um herauszufinden, wieso Sie keine Antwort erhalten haben.
In diesem Fall lag es daran, dass die Angelegenheit familienintern gelöst werden wollte, mich die Sache demzufolge nicht betraf und mich auch nichts anging.

Eine weitere Möglichkeit, weshalb Sie keine Antworten erhalten, mag darin liegen, dass Sie selber nicht offen sind, Antworten telepathisch zu empfangen. Das Beobachten der eigenen Körperhaltung oder die Einstellung zur telepathischen Kommunikation kann hier weiterhelfen.
In einem Kurs teilten alle rege ihre ersten Erfahrungen mit. Nur *einer* Teilnehmerin wurde das Empfangen von

Botschaften völlig verwehrt. Als ich ihre Körperhaltung beobachtete, konnte ich feststellen, wieso dem so war: Sie saß mit überkreuzten Beinen und verschränkten Armen auf dem Stuhl. Sie wehrte – wohl unbewusst – das Empfangen der Botschaften durch ihre Körperhaltung ab.

Seien Sie somit achtsam und schauen Sie, dass Sie während der telepathischen Kommunikation aufrecht sitzen, beide Füße auf dem Boden haben und weder Beine noch Arme überkreuzen. Die Körperhaltung mit gekreuzten Gliedern schränkt die Empfangsbereitschaft maßgeblich ein.

Nicht nur eine abwehrende äußere Haltung blockiert das Gelingen der telepathischen Kommunikation. Auch eine innere Abwehrhaltung – sei dies gegenüber seinen eigenen Fähigkeiten oder der telepathischen Kommunikation an sich – lässt den Kommunikationsfluss stocken. Eine Kursteilnehmerin sagte, während andere wiederum eine Botschaft nach der anderen erhielten: »Ich empfange nichts, ich kann das nicht, ich bin einfach zu verstandesorientiert.«

Achten Sie unbedingt auf Ihre innere Haltung und vertrauen Sie auf Ihre eigenen Fähigkeiten. Anstatt zu sagen: »Ich kann das nicht«, ist es ratsam, sich zuzusprechen: »Ich bin mit dieser Gabe zur Welt gekommen. Ich bin jetzt offen, telepathisch zu kommunizieren, und ich bin gut darin!«

In einer für mich persönlich wichtigen Angelegenheit, die mit Dixon zu tun hatte, erhielt ich partout keine Antwort. Ich konnte mir beim besten Willen nicht erklären, wieso eine so große Blockade vorhanden war, und war zusehends über mich selber genervt. Da kam mir die Idee, meinen Kater zu fragen, wieso ich keine Antwort von Dixon erhielt. Akimba hatte sogleich den Durchblick: »Du weißt die Antwort, aber du hast Angst vor dem, was Dixon dir sagt. Das ist der Grund, wieso du meinst, keine Antwort zu erhalten. Trau dich hinzuhören, und du wirst verstehen.«

Angst vor dem Inhalt der Botschaft ist eine weitere Ursache für das Stocken der Kommunikation. Die Angst kann man beseitigen, indem man das Problem oder die Angst, welche dahinterstehen, anschaut. Befassen Sie sich mit der Angst und es werden sich Lösungen abzeichnen.

Bedanken

Ein weiterer und sehr bedeutsamer Schritt: Haben Sie eine Botschaft von einem Tier erhalten, bedanken Sie sich bei ihm für die Kommunikation! Auch hier kann die Übertragung auf jegliche Art und Weise erfolgen. Wählen Sie den Weg, bei dem Sie sich am wohlsten fühlen. Fühlen Sie sich frei, Sie selbst zu sein. Es ist jedes Mal schön, die Freude zu spüren, die sich bei oder nach einem Gespräch mit dem Tier einstellt. Genießen Sie es und seien Sie dankbar.

Zusammenfassung

- Zur Ruhe kommen; gedankenfreier Raum
- Lichtbrücke bzw. Lichtstrahl zum Tier aufbauen
- Begrüßung
- Bitte um Kommunikation
- Fragen senden
- Antworten empfangen
- Bedanken

5. Erfahrungen

Erste Schritte

Am Anfang, wenn wir die Tierkommunikation üben, reicht es völlig aus, sich mit kurzem Hin- und Hersenden von Botschaften zu begnügen. Sobald Sie sich dazu bereit fühlen, entwickeln sich umfangreichere Gespräche wie von selbst.

Die Vorgehensweise ist immer dieselbe, wobei ich sicher bin, dass Sie ganz allmählich Ihren eigenen Weg finden werden.

Ich erinnere mich noch gut daran, dass mich die telepathische Kommunikation zu Beginn manchmal richtig anstrengte, und zwar nicht während eines Gespräches, sondern danach. Ich bemühte mich wohl allzu sehr und wurde dadurch müde. Indem Sie die ganze Sache als etwas anschauen, das Sie eigentlich schon können, vermeiden Sie diese Müdigkeit und Anstrengungen leicht.

Zu Beginn eines Gespräches ist es durchaus angezeigt, einfachere Fragen zu stellen. Wenn wir mit einem Menschen kommunizieren, fallen wir ja auch nicht gleich mit der Tür ins Haus. Allerdings kann es trotzdem sein, dass Sie eine umfangreiche, nicht nur das *eine* Thema betreffende Antwort erhalten, obwohl Sie nur eine banale Frage über die Befindlichkeit des Gesprächspartners gestellt haben.

Ich kann mich an das Gespräch mit einem Kater erinnern, der mir nur eine knappe Antwort auf meine Frage nach seinem Befinden gab. Ohne weiteres Nachfragen jedoch sprach sich der Kater alles von der Seele, sodass bald zwei DIN-A4-Seiten Text vorhanden waren.
Aus diesen Gesprächen entwickeln sich zuweilen höchst interessante Informationen; dabei kommen Dinge zur Sprache, die oft sehr zentral und wichtig für das Zusammenleben von Mensch und Tier sind.

Auf manche Frage, die Sie dem Tier stellen, mag eine andere, scheinbar nicht zur Frage gehörende Antwort

69

eintreffen: Dem Tier kommt plötzlich etwas in den Sinn und es mag die Antwort nicht auf später verschieben. Hören Sie dem Tier zu und stellen Sie die ursprüngliche Frage einfach nachher noch einmal.

Es gibt kaum Fragen, worauf Tiere nicht bereit wären zu antworten. Wenn es doch einmal so sein sollte, lassen es uns die Tiere sehr direkt wissen. Auf eine Frage hinsichtlich eines Menschen antwortet das Tier dann vielleicht nur knapp mit: »Er/sie weiß, worum es geht.«
Als ich eine Stute einst fragte, ob ich mit ihr sprechen dürfe, antwortete sie nur ganz gehässig: »Wieso macht B. das nicht selber, sie weiß doch schließlich, wie das geht!?« Mit viel Einfühlungsvermögen und detaillierter Schilderung der Gründe konnte ich die Stute schließlich doch noch überzeugen, mit mir zu sprechen.

Tiere mögen es überdies – wie wir Menschen – sehr gerne, wenn man ihnen positive Dinge erzählt und sie in ihrem Wesen anerkennt, sei es nun ihre physische oder ihre psychische Individualität. Man kann erzählen, was man am Tier bewundert, oder ihm zuraunen, dass man es schön findet.
Die Aussage, dass man das Tier schön findet, ruft ganz unterschiedliche Reaktionen hervor. Einige sind eher beschämt und fragen: »Ich? Meinst du mich?«, andere erklären nur knapp und stolz: »Ich weiß.«

Übrigens: Bei einigen Gesprächen konnte ich auch feststellen, dass Tiere durchaus nicht immer die Wahrheit sagen … Unser Kater Akimba hat Susanna einmal erzählt, er sei in unserer Familie der beste Springer und habe die schönste Stimme. In Wahrheit jedoch stürzt Akimba jeden Tag irgendwo ab, weil er sein Ziel verfehlt. Die schönste Stimme hat er tatsächlich – Sasima miaut nämlich gar nicht.

Wozu Tierkommunikation?

Die telepathische Kommunikation von Mensch zu Tier und umgekehrt ist etwas »Wundervolles«. Tiere sehen die Dinge oft aus einem anderen Blickwinkel als wir Menschen, und bei manchem Gespräch gehen Türen und Tore auf, an die man zuvor – begrenzt durch den menschlichen Verstand – einfach nicht gedacht hat. Zudem ist das Gespräch zwischen Mensch und Tier etwas ganz Spezielles. Ich führe das darauf zurück, dass wir Menschen untereinander es verlernt haben, bewusst miteinander zu kommunizieren. Wie oft kommt es vor, dass wir in zwischenmenschlichen Gesprächen Worte sagen, die wir nicht so meinen oder die uns zu schnell herausrutschen und den anderen verletzen? Ihr Partner oder Ihre Partnerin hat sicher auch schon den Vorwurf »Sag mal, hörst du mir überhaupt zu?« an Sie herangetragen.

Bei der Tierkommunikation stellen wir uns bewusst in Verbindung mit unserem Gesprächspartner, sind einfühlsam, achtsam und aufmerksam. Eigentlich sind dies die Grundvoraussetzungen für ein erfolgreiches Gespräch, doch leider werden diese bedeutsamen Attribute in der Hektik des menschlichen Alltags oft vergessen oder übersprungen. Umso schöner ist es, die Qualität eines auf allen Ebenen bewusst wahrgenommenen Gespräches zu erfahren und zu genießen. Noch heute verspüre ich nach jeder Kommunikation mit einem Tier eine große innere Freude und Liebe. Dies auch dann, wenn der Wortwechsel keine wichtigen Inhalte zutage befördert.

Während ich diesen Abschnitt schreibe, liegt Akimba neben mir. Prompt meint er: »Wenn du mich anschnauzt, ist das aber nicht so einfühlsam und von Dankbarkeit erfüllt, wie du das da grad geschildert hast.«
Recht hast du, Akimba. Das »Anschnauzen«, wie du es nennst, hält sich wohl auch in Grenzen; der Rest unserer Gespräche ist durchaus von den oben genannten Werten geprägt.

Die meisten Menschen suchen das Gespräch mit dem Tier, damit das gemeinsame Leben in problematischen Situationen harmonisiert werden kann. Im Dialog mit dem Tier können Sie herausfinden, was es möchte oder wieso es eine bestimmte Verhaltensweise an den Tag legt und wie Sie diese Schwierigkeiten gemeinsam lösen können.

Die Tierkommunikation soll aber nicht nur in Problemfällen zur Anwendung kommen, sondern beim alltäglichen Zusammenleben eine Form des Austauschs bieten, denn wenn man sich gegenseitig versteht, wachsen das Vertrauen und die Harmonie zwischen den Lebewesen.

Mittels der Tierkommunikation können auch Schmerzen und Beschwerden eines Tieres erfühlt werden. Wie das genau funktioniert, werde ich im Kapitel »Übungen und Meditationen« näher schildern. Wenn Sie die Schmerzen eines Tieres sinnlich wahrnehmen, ersetzt dies jedoch keinesfalls den Besuch beim Tierarzt! Dennoch ist es oft hilfreich, durch die bereits im Tierkörper erspürten Schmerzen gemeinsam eine erfolgreiche Behandlung durchzuführen.

Ich erinnere mich an den Anruf einer Freundin, weil ihr Hund hohes Fieber hatte, sehr apathisch war und Trinken und Essen verweigerte. Beim Hineinfühlen konnte ich feststellen, dass die Hündin im Bereich Niere/Blase Schmerzen hatte. Weitere Informationen blieben mir verweigert, ich fühlte jedoch, dass es der Hündin sehr schlecht ging. In diesem Augenblick habe ich meiner Freundin empfohlen, sofort einen Tierarzt aufzusuchen, um die Hündin behandeln zu lassen. Zum Glück hat sie meiner Empfehlung Folge geleistet und konnte damit das Leben des Tieres retten.

Veränderung von Verhaltensweisen

Durch die Tierkommunikation können Verhaltensweisen verändert werden. Der Erfolg einer Veränderung hängt jedoch maßgeblich von der Art und Weise des Vorgehens ab. Wir behalten immer im Gedächtnis, dass es sich um ein Zusammenleben mit unseren Mitgeschöpfen handelt. Daher teilen wir nicht einfach Befehle aus, in der Erwartung, dass sie sofort und ohne Widersetzung befolgt werden. Tiere sind selbstständige Lebewesen, und wir Menschen sind dazu verpflichtet, ihre individuelle Integrität und Freiheit zu respektieren.

Wenn uns eine Verhaltensweise des Tieres stört und wir eine Veränderung wünschen, ist als Erstes zu beachten, dass unsere Bitte an das Tier immer in positiver Weise formuliert wird. Verneinungen werden von den Tieren oft nicht verstanden: Dann kommt bei ihm genau die Botschaft an, welche unerwünscht ist. Wenn wir möchten, dass unser Hund zur Begrüßung nicht an anderen Menschen hochspringt, lautet die Botschaft nicht: »Nicht hochspringen!«, weil wir dem Hund sonst automatisch ein Bild von einem hochspringenden Hund senden. Stattdessen sagen und denken wir: »Lass alle Pfoten am Boden!« Wir unterstützen die wörtliche Botschaft ebenfalls mit einem Bild (alle vier Pfoten am Boden), das wir dem Hund senden.

74

Des Weiteren sollten wir dem Tier vermitteln, wieso sein Verhalten nicht erwünscht ist. Katzen kann man erklären, dass sie vor dem Überqueren einer Straße zuerst schauen müssen, ob sie frei ist, weil es sonst zu einem Unfall mit einem Auto kommen kann. Ich persönlich habe meinen beiden Katzen sehr detailgetreue Bilder gesendet, was geschieht, wenn Katzen von einem Auto angefahren oder sogar überfahren werden. Dieses unschöne Szenario hat ihnen Respekt vor Straßen und Autos verschafft und veranlasst sie, vorsichtig zu sein.

Den Tieren sind menschliche Verhaltensweisen oft nicht klar. Wenn Dixon große Freude hat und sie mit mir teilen möchte, legt er seinen Kopf an meinen Bauch und schubst mich mit voller Wucht von sich, sodass ich schon manches Mal den Boden unter den Füßen verlor und unsanft auf dem Boden landete oder an die nächstliegende Wand knallte. Eine »menschliche« Erklärung ist hier auf jeden Fall nötig und mag zum Erfolg beitragen, damit das Tier sein Verhalten unseren Bedürfnissen anpasst.

Wir dürfen nie ohne Weiteres erwarten, dass Tiere unsere Wünsche einfach akzeptieren und befolgen. Es erfordert manchmal viel Geduld, noch mehr Einfühlungsvermögen und manchmal einfach die Einsicht, dass eine Verhaltensweise nicht geändert werden kann.
Unserer Katze Sasima versuche ich seit Beginn unseres Zusammenlebens klarzumachen, dass unsere Vorhänge

nicht zum Klettern da sind. Keine, aber wirklich gar keine meiner Ausführungen zum Thema »Vorhänge« hat sie auch nur ansatzweise zur Kenntnis genommen. Zu allem Überdruss hat Sasima sich eine Gewohnheit zugelegt: Wenn ihr der Weg ins Freie versperrt oder die Futterschüssel leer ist, klettert sie umso mehr an den Vorhängen, bis man ihrem Wunsch entspricht.

Ich schildere Ihnen diese Geschichte, damit Sie nicht an Ihren Fähigkeiten der Tierkommunikation zu zweifeln anfangen, sollte die Änderung einer Verhaltensweise auch nach längerem Versuchen nicht den gewünschten Erfolg zeitigen.

Tiere können unsere Botschaften ignorieren, weil sie ihre eigenen Vorstellungen haben und sie durchsetzen möchten. Wenn unser Kater meine Bitte, nicht in die Wohnsiedlung jenseits der Straße zu gehen, partout nicht befolgen will, muss ich es schließlich akzeptieren. Es steht hier nicht mehr in meiner Macht, irgendetwas zu tun, und ich kann nur darauf vertrauen, dass er gut auf sich aufpasst. In solchen Situationen bitte ich die Engel, meinen Kater zu beschützen, und visualisiere ihn in einer weißen Kugel aus Licht.

Eine weitere Möglichkeit, warum ein Tier nicht auf unsere Bitten eingeht: Im Augenblick hat es etwas Besseres zu tun. Manchmal rufe ich meinen Kater, er solle bitte nach Hause kommen. Oft steht er eine Minute später schnurrend im

Haus. Es gibt aber auch Momente, in denen er nur »Bin beschäftigt!« sagt; er verrät mir nicht, womit er beschäftigt ist oder wann er nach Hause zu kommen gedenkt. Diese Situationen müssen ebenfalls akzeptiert werden.

Es gibt natürlich Situationen, in denen auch »durchgegriffen« werden kann. Unser Kater hat sich eines Sommers für ein paar aufeinanderfolgende Tage und Nächte nicht zu Hause blicken lassen. Ich weiß, dass er sich immer eine »Gastfamilie« aussucht, bei der er irgendwo herumliegt und schläft, wenn es ihm zu Hause mit unserem kleinen Sohn zu viel wird. Nach zwei auswärts verbrachten Nächten reagierte Akimba abermals nicht auf meine Bitte, sich zu melden; also suchte ich erneut das Gespräch mit ihm. Ich bot ihm eine Schale frisches Hackfleisch an, wenn er jetzt nach Hause käme. Er meinte darauf, dass er zu faul sei. Dabei sah ich ihn mit meinem inneren Auge auf einem Sofa eingekuschelt schlafen.
Dies wollte ich nicht länger akzeptieren. Ich begab mich mental zu ihm und fing an, ihm ganz leicht ans Ohr zu fassen (ich weiß, dass er das absolut nicht mag). Weil er sich danach immer noch nicht auf den Nachhauseweg begab, schubste ich ihn vom Sofa und aus der fremden Wohnung hinaus. Zwei Minuten später stand er »höchstpersönlich« in unserem Haus.

Zuweilen teilt das Tier unseren Wunsch auch einfach nicht und verweigert sich deswegen. So hartnäckig wie

77

Akimba sind jedoch die wenigsten Tiere. Die Erfahrung hat gezeigt, dass Tiere bereit sind, gewisse »Deals« einzugehen.

Eines Tages stand ich vor der Box meines Pferdes Dixon, der sich auf dem Paddock befand. Ich rief ihn mental und bot ihm eine Karotte an, wenn er zu mir käme. Er meinte daraufhin, er wolle zwei Karotten. Nachdem ich die zweite Karotte geholt hatte, trottete er zu mir.

Weiter ist es hilfreich, wenn wir bei einem zu äußernden Wunsch den direkten Kontakt mit dem Tier suchen, es berühren und ihm in die Augen schauen, während wir mit ihm sprechen. Wir können auch um ein Zeichen oder eine Antwort bitten, ob es uns verstanden hat.

Meine Lehrerin Susanna hatte Ferien geplant und musste ihren geliebten Irischen Wolfshund vorübergehend einer Hundepension überlassen. Das schlechte Gewissen, dass sie ohne ihren vierbeinigen Freund verreiste, plagte sie sehr. Während er im Kofferraum des Autos lag, das ihn in die Hundepension bringen sollte, fragte sie ihn, ob es für ihn auch wirklich okay sei. Er gab ihr daraufhin keine Antwort. So bat sie ihn, einmal mit seiner Rute zu wedeln, wenn er einverstanden sei, in diese Hundepension zu gehen. Keine zwei Sekunden später wedelte er einmal mit der Rute. Susanna konnte ihn mit ruhigem Gewissen in die Hundepension fahren.

Gewisse störende Verhaltensweisen des Tieres gehören unter Umständen zu seinem Instinkt. Oft ist der Instinkt stärker, und unser Wunsch wird nicht befolgt. Sollte sich der Hund zum x-ten Mal wieder in der Gülle wälzen, können wir ihm zuerst erklären, dass wir das nicht akzeptieren, weil wir den Geruch nicht mögen. Sollte er unseren Wunsch nicht befolgen, kommunizieren wir die Konsequenzen. In diesem Beispiel wäre das: Baden mit Shampoo … Das Tier hat nun in gewisser Weise die Wahl und kann selber entscheiden.

Liegt der Ursprung einer zu ändernden Verhaltensweise im Jungtieralter, ist zu beachten, dass in diesem Fall Veränderungswünsche wahrscheinlich längerfristig anzubringen sind. Es gehört viel Geduld und Einfühlungsvermögen dazu, dem Tier hier den »richtigen« Weg aufzuzeigen. Erfahrungsgemäß sind Tiere sehr bereit für eine Veränderung; die alteingesessenen und früh angewöhnten Verhaltensweisen tauchen allerdings immer wieder gewohnheitsmäßig auf. Geben Sie Ihrem Tier daher Zeit für diese Veränderung und loben Sie jeden auch noch so kleinen Fortschritt.

Probleme kann es geben, wenn wir Tiere für eine gewisse Zeit alleine zu Hause lassen oder uns aus einem anderen Grund für kürzere oder längere Dauer von ihnen trennen müssen, sei es der Tierheimaufenthalt während der Ferien oder die Operation beim Tierarzt etc. Im ersten

Fall genügt es, dem Tier zu erklären, wohin wir gehen, wie lange wir weg sind und – ganz wichtig! – dass wir wieder nach Hause kommen. Wir können dem Tier für diese Zeit auch eine Aufgabe geben: Sie können Ihrem Tier sagen, es möge während Ihrer Abwesenheit ausruhen oder Musik hören. Vermeiden Sie es, das Tier zu beauftragen, es solle alleine zu Hause aufpassen oder einfach warten. Meist führen diese Vorschläge dazu, dass das Tier überfordert oder gestresst ist.

Im Fall eines tierärztlichen Eingriffes sollten wir dem Tier bis ins letzte Detail erklären, wieso etwas geschieht und wie der ganze Vorgang abläuft. Es lohnt sich, dem Tier zu erklären, wieso eine Kastration erfolgt und wie sie im Einzelnen vorgenommen wird. Wir können dem Tier die Angst vor dem Unbekannten ein wenig nehmen, indem wir bekräftigen, dass wir während der OP immer an es denken und dass wir bei ihm sein werden, wenn es aufwacht.

Sind wir mit unseren Bitten und Wünschen erfolgreich, gilt es, das Tier ausreichend und immer wieder für sein Verhalten zu loben.

Das Tier als eigene Persönlichkeit

Jedes Tier ist einzigartig und kommuniziert auf seine eigene Art und Weise. Einige Tiere können es kaum abwarten, Antworten zu geben; andere sind sehr zurückhaltend und wortkarg. Man hat sicherlich auch unterschiedlichen Zugang zu den verschiedenen Tieren. Bei manchen muss man nur ein Foto anschauen – und die Kommunikation beginnt ohne Weiteres. Bei anderen wiederum braucht es eine umfangreichere Einstimmung, bis man den »Draht« zueinander gefunden hat. Wie bei Menschen gibt es auch bei den Tieren die unterschiedlichsten Charaktere.

Ich bekam einmal das Foto eines kleinen Hundes per Mail gesendet; seine Besitzerin hatte mich gebeten, mit ihrem Hund zu sprechen, um herauszufinden, wieso er in letzter Zeit immer alle Menschen anknurrte, ankläffte und regelrecht aggressiv wurde. Ich wollte die Tierkommunikation am folgenden Tag machen, schaute mir aber das Foto vorab an und dachte: »Was für ein süßes Kerlchen du bist!« Dann legte ich die Unterlagen weg und widmete mich anderen Dingen. Doch plötzlich vernahm ich die Stimme des Hundes, der mich regelrecht anschnauzte: »Ich bin weder klein noch süß, noch sonst was! Habt ihr das alle verstanden?« Der Schreck über die unerwartete Ansage des Hundes fuhr mir direkt in die Knochen. Ich setzte mich hin und sprach mit ihm. Dabei stellte sich heraus, dies war genau der Punkt, wieso er die Leute ankläffte und anknurrte: Sie sagten nämlich alle – genau wie ich –, was für ein süßer kleiner Kerl er sei.

Eine Tierkommunikation kann auf unterschiedlichen Ebenen stattfinden. So wie wir unterschiedliche Gespräche mit verschiedenen Menschen führen (manche Gespräche sind eher oberflächlich, andere tiefgründiger), gibt es Unterschiede im Gespräch mit dem Tier. Erwarten Sie also nicht bei jedem Tier ein tiefgründiges oder spirituelles Gespräch, sondern nehmen Sie einfach an, was kommt. Manche Tiere mögen nicht so viel sprechen – was nicht heißen muss, dass ihnen etwas fehlt. Dem Pferd einer meiner Freundinnen geht es ausgezeichnet, es ist zufrieden und gesund, aber er mag sich nicht mit mehr als fünf Sätzen mitteilen.

Das Verhalten von Tieren spiegelt oft die Menschen wider, mit denen sie zusammenleben. Das altbekannte Sprichwort »Wie der Herr, so sein Gescherr« kommt nicht von ungefähr. Das geht so weit, dass Tiere Verhaltensweisen des Menschen übernehmen. Ich kenne Hunde, die sind genauso scheu wie ihre Besitzer. Oder ängstliche Pferde, deren Besitzer ebenfalls vor allem und jedem Angst haben.

Selbstverständlich können Menschen auch Angewohnheiten ihrer Tiergefährten übernehmen. So hat mir kürzlich eine Freundin erzählt, ihr Pferd wolle beim Ausreiten nach einer Weile unbedingt nach Hause in den Stall zurück. An der nächstbesten Abzweigung, die in den heimischen Stall führt, biegt das Pferd regelmäßig ab und ist kaum mehr aufzuhalten. Nach einiger Zeit des Zusammenlebens konnte meine Freundin tatsächlich feststellen: Wenn sie längere Zeit außer Haus war, sehnte sie sich dahin zurück. Sie konnte sich diese neue Angewohnheit nur dadurch erklären, dass sie den »Stalldrang« ihres Pferdes übernommen haben musste.

Für mich ist der Bezug zum Menschen, bei dem die Tiere leben, bei jeder Tierkommunikation sehr bedeutsam – vor allem wenn sich im Zusammenleben mit dem Tier Probleme ergeben. Möglicherweise möchte das Tier den Menschen mit dem »Fehlverhalten« auf etwas aufmerksam machen.

Stellen Sie sich vor, eine Katze pinkelt in der Wohnung regelmäßig auf den Teppich. Katzen sind sehr saubere Tiere und würden, wenn eine Inkontinenz ausgeschlossen werden kann, ihr eigenes Zuhause sicher nicht ohne Weiteres verunreinigen. Wenn wir die Katze beschimpfen und womöglich noch ihren Kopf in ihr eigenes »Geschäft« tauchen, bewirken wir höchstens, dass sie ihr Vertrauen zu uns verliert. Fragen Sie die Katze besser, was der Grund ihres Verhaltens ist und wie man gemeinsam eine Lösung finden kann.

Die Aufgabe der Tiere

Tiere haben eine Aufgabe in unserem Leben und sind keinesfalls »zufälligerweise« bei uns. Die Aufgaben sind ganz unterschiedlicher Natur und können beim Tier erfragt werden. Die folgenden Beispiele sollen einen kleinen Einblick geben.

Auf ein Thema aufmerksam machen

Sehr oft ist zu beobachten, dass Tiere ganz stark ihre Menschengefährten spiegeln. Dabei übernehmen sie von den Menschen Gewohnheiten, Anschauungen, Meinungen, Ängste oder gar Krankheiten.

Dixon spiegelt mich in längst nicht immer gesunder Art und Weise. Es gab eine Zeit, da war er sehr in sich gekehrt, ja geradezu traurig und apathisch; er wollte nicht mehr arbeiten, ich konnte nicht mal mehr mit ihm spazieren gehen, er setzte kaum einen Fuß vor den anderen. Also versuchte ich, mit ihm zu sprechen, um herauszufinden, was die Ursache für seinen Zustand war, doch ich bekam keine klare Antwort. Verzweifelt bat ich einen Freund, das Gespräch mit Dixon zu suchen, in der Hoffnung, dass er sich ihm anvertraute. Und siehe da, Dixon erzählte, dass er meine Sorgen und Ängste übernahm, um mich zu schützen und mich zu stärken. Er wollte, dass es mir besser ging, und nahm viel Leid auf sich selber. Endlich erkannte ich die Problematik, und wir konnten zusammen daran arbeiten. Ich musste Dixon allerdings an jedem einzelnen Tag die Botschaft vermitteln, er sei für seine Probleme und ich für die meinen verantwortlich.

Das Positive an diesen Spiegelungen ist, dass man von den Tieren sehr viel über sich selber erfahren kann. Sie zeigen einem, was im Ungleichgewicht ist und woran wir arbeiten können oder sollen. Um das volle Potenzial aus diesen Spiegelungen zu ziehen, ist es unumgänglich, zu erkennen, welcher Teil des Verhaltens wirklich tierisch und welcher menschlich ist. Der darauf folgende – wohl noch viel wichtigere – Punkt ist, was wir mit dieser Erkenntnis anfangen. Ignorieren wir sie, bleibt alles beim Alten, und unser Tier trägt womöglich Konflikte für uns aus, die für unser Wachstum gedacht sind. Arbeiten wir aber daran, können wir viel über uns selber und unser Tier erfahren. Die Arbeit an uns selber ist natürlich nicht immer ein »Kinderspiel«, ja manchmal sogar richtig unangenehm. Doch haben Sie einmal den ersten Schritt gemacht, geht vieles wie von selbst. Die positiven Veränderungen, die Sie durch diese Arbeit erfahren, werden Sie ermuntern, weiterzumachen!

Gesellschaft und Unterstützung geben

Wenn man mit Tieren zusammen ist, ist man nicht allein. Klar – aber es ist viel mehr als das. Die Gesellschaft der Tiere ist sehr liebe- und kraftvoll: Sie können sprechen oder schweigen, ohne dass Sie das eine oder das andere erklären müssten. Sie können zusammen die Stille und den Augenblick genießen, ohne dass Zeit eine Rolle spielt.

Wenn ich krank bin und das Bett hüte, vergeht keine halbe Stunde, bis Sasima, unsere Katze, zu mir kommt. Sie legt sich neben mich unter die Bettdecke und weicht nicht von meiner Seite, bis ich wieder aufstehe und es mir besser geht. In dieser Zeit ist sie einfach bei mir und für mich da. Bedingungslos. Es ist das Bedingungslose, was die Gesellschaft und Unterstützung des Tieres so wertvoll macht.

Menschen lehren, sich selber kennenzulernen

Es sind nun bereits 14 Jahre vergangen, seit Dixon und ich zusammengefunden haben. Seither haben wir vieles gemeinsam erlebt und Dixon stellt sich Tag für Tag zur Verfügung, mich selber und meine Bedürfnisse besser kennenzulernen.

Es war ein langer Weg, bis ich begriff, dass ich keine Sportreiterei betreiben möchte. Hat man ein Pferd als Tiergefährten, mit dem es sich anbietet, sportliche Ambitionen in Form von Wettkämpfen zu verfolgen, tut man das als pferdebegeisterte Reiterin meist auch. Die Turniererfahrungen und die damit verbundenen Erfolge und Niederlagen nahmen mit den Jahren zu. Der Aufwand wurde immer größer – und meine Freude daran immer geringer. Als Dixon und ich eines Tages nach einem Turnier eher traurig als fröhlich beieinander waren, wurde es mir klar: Das wollte ich nicht! Ich hatte keine Ambitionen und erst recht keine Freude am Turniersport. Also hängte ich diese Tätigkeit aufgrund dieser (eher späten) Einsicht an den Nagel.

Ich habe mir in der Folge Zeit genommen, um herauszufinden, wieso ich all die Jahre etwas tat, das mir eigentlich gar keinen Spaß bereitete. Dixon hat mich auch in diesem Punkt mir selbst viel näher gebracht und bewirkt, dass ich darüber nachdenke, was ich tue.

Wenn Sie mit Tieren zusammenleben, lehren diese Sie jeden Tag in unterschiedlichsten Formen, sich selber besser kennenzulernen. Manchmal ist ihre Message keineswegs vordergründig und erfordert einigen Tiefgang im Hinblick auf Sie selber. Sie können Ihr Tier diesbezüglich jederzeit fragen: »Hast du eine Botschaft für mich?« Die Antwort fördert oft einiges zutage.

Seien Sie darauf gefasst, eine ehrliche Antwort zu erhalten. Tiere spielen Ihnen nichts vor und bringen stets den Mut auf, direkt und ehrlich zu sein. Sollte die Botschaft für Sie nicht so klar sein wie für das Tier, fragen Sie nach, bis Sie es geklärt haben.

Ratgeber sein

Sollten Sie in einer Angelegenheit nicht weiterwissen und auch keinen Menschen zu Rate ziehen wollen, suchen Sie das Gespräch mit Ihrem Tier. Machen Sie sich aber von vornherein bewusst, dass das Gespräch im Unterschied zu einem Gespräch mit einem anderen Menschen anders ausfallen wird. Mit »anders« meine ich konkret: Das Gespräch mit einem Tier ist ehrlich und direkt. Tiere haben es nicht nötig, uns zu schmeicheln, uns Informationen vorzuenthalten oder an den eigenen Vorteil zu denken.

Sollten Sie bei einem solchen Gespräch nur unklare oder gar keine Informationen erhalten, fragen Sie sich: Könnte es daran liegen, dass Sie die Antwort bereits wissen, aber sich scheuen oder Angst haben, der Wahrheit ins Gesicht zu sehen?
Ich möchte hier nicht von mir auf andere schließen, aber vielleicht hilft Ihnen dieser Anhaltspunkt in gegebenem Falle weiter. Allein der Verdacht, dass Sie eine Antwort bereits kennen, diese aber nicht hören möchten, wird Sie darauf aufmerksam machen, dass Sie noch einiges zu klären haben.

Sterben und Tod

Tiere haben einen anderen Bezug zum Sterben und zum Tod als wir Menschen. Sie sind weniger an ihre physische Form gebunden. Beim Tod lassen wir unseren Körper zurück, wobei der Geist immerwährend bestehen bleibt. Tiere sind sich dieser Tatsache viel mehr bewusst als wir Menschen.

Wir können den Wunsch des Tieres hinsichtlich einer Hilfe beim Sterben oder Verabschieden erfragen und seine Wünsche respektieren. Wir Menschen neigen zu der Vorstellung, bei äußerlichen oder innerlichen Beschwerden des Tieres sei es besser für das Tier, wenn es »gehen« könne. Tiere empfinden den Schmerz anders als wir Menschen. Sie haben die Fähigkeit, zeitweise ihren Körper zu verlassen, das heißt die Seele aus dem Körper zu heben, um schlimme Schmerzen besser zu überstehen oder andere Aufgaben auf anderen Ebenen wahrzunehmen.

Ich habe das Einschläfern eines alten Pferdes miterlebt. Obwohl es körperlich sehr schwach war, war es zu diesem Zeitpunkt nicht sein Wille, zu gehen. Das Pferd hat sich mit allen seinen zur Verfügung stehenden Kräften gegen den Tod gewehrt. In solchen Fällen ist es ratsam, den Wunsch des Tieres zu respektieren, erst zu einem späteren Zeitpunkt zu gehen.

Verstorbene Tiere bleiben im Geist oft auf der Erde zurück. Es kann sein, dass sie »ihre« Menschen weiterhin begleiten möchten oder ihre Aufgabe nunmehr auf dieser Ebene weiterführen.

Freunde von mir haben lange Zeit mit einer Labradorhündin zusammengelebt; sie hat ihre Menschengefährtin oft in ihren Coiffeursalon zur Arbeit begleitet. Vor nicht allzu langer Zeit ist die Hündin verstorben. Sie fehlt meinen Freunden sehr. Sooft ich nun im Coiffeursalon bin, vernehme ich aus heiterem Himmel den Geruch eines Hundes, obwohl kein Hund anwesend ist. Dies ist ein Zeichen der Hündin, dass sie bei meinen Freunden ist und ihnen auf einer anderen Ebene beisteht und hilft.

Es kommt auch oft vor, dass Tiere sterben, bevor ihre Aufgabe auf Erden erfüllt ist. Sie können daher auch bald nach ihrem Tod in einem neuen Körper inkarnieren. Feststellen lässt sich dies meist, wenn das junge Tier dieselben Gewohnheiten und Vorlieben hat wie das verstorbene Tier.

Wir haben in einer Ferienwohnung im Engadin eine interessante Erfahrung gemacht. Weil unsere beiden Katzen es mögen, in unserer Nähe zu sein, kam es, dass wir sie mit in den Urlaub nahmen. In dieser Wohnung hatten sich oft die zwei Dackel der Wohnungseigentümer aufgehalten. Die ältere Hündin war bereits verstorben. Kaum angekommen, machten wir uns daran, alles auszupacken.

90

Es verging keine Minute, da stand unser Kater Akimba, jedes Haar seines Felles senkrecht stehend, bei uns und sperrte seine Augen riesengroß auf. Ich fragte ihn, was denn los sei, und er gab knapp zur Antwort: »Da ist ein Hundegeist!«

Mein Mann hat mir bestätigt, dass in diesem Zimmer sonst immer die Dackelhündin und Katzenjägerin Candy war. Akimba konnte sich während des ganzen Aufenthaltes nicht einen Augenblick entspannen.

Eine sehr eindrückliche Erfahrung in Bezug auf das mögliche Einschläfern eines Tieres hat mir Soleil, ein zehnjähriger Kater, ermöglicht. Eines Abends fragte mich mein Mann, ob ich mit dem Kater seines Cousins Martin sprechen könne. Während eines Telefonats mit Martin war meinem Mann plötzlich dessen Kater eingefallen, sodass er sich nach seinem Wohlbefinden erkundigte. Es stellte sich heraus, dass es dem Tier sehr schlecht ging: Als unser Verwandter am Morgen nach Hause gekommen war, hatten er und seine Frau Gaby festgestellt, dass Soleil die Hinterbeine nicht mehr bewegen konnte. Sie brachten ihn als Notfall zum Tierarzt, welcher die Diagnose einer Thrombose stellte. Soleil bekam eine Infusion, da er weder Nahrung noch Flüssigkeit zu sich nehmen konnte.

Das Angebot meines Mannes, ich könne mit Soleil sprechen, nahmen Martin und seine Frau dankbar, aber ein wenig skeptisch an. Im Gespräch mit Soleil erfuhr ich, dass er trotz des Vorfalls am Leben bleiben möchte. Er sagte, seine Zeit sei nur dann gekommen, wenn ihm das Laufen verweigert würde. Außerdem wisse die Schwiegermutter von Martin jemanden, der ihm bei der Verbesserung seines Zustandes helfen könne.

Diese Antwort machte mich sehr skeptisch; ich zweifelte sogar, ob ich sie weiterleiten sollte. Im Gespräch mit dem Cousin kam mir der Tipp des Katers immer wieder in den Sinn. Also teilte ich den Vorschlag von Soleil mit. Und tatsächlich, Gabys Mutter kannte wirklich eine Tierärztin, welche in Chinesischer Medizin ausgebildet war und selbst mit Tieren sprach.

Da die Tierärztin sehr viel beschäftigt war, kam nicht gleich ein Termin zustande. Andere kontaktierte Tierärzte und Therapeuten berichteten aufgrund der Schilderung des Zustandes von Soleil alle dasselbe: Wir können nichts mehr für ihn tun.

Der Zustand des Katers verschlechterte sich zunehmend. Nach einem weiteren Tag des Leidens entschloss man sich, Soleil am nächsten Tag zu erlösen. Um ihn darauf vorzubereiten, sprach ich erneut mit ihm. Selbst jetzt war Soleil nicht definitiv bereit zu gehen. Er sagte nur: »Ich bereite mich darauf vor, zu gehen. Ob es so kommen wird, weiß ich nicht.«

Am anderen Tag wartete ich auf den Telefonanruf unserer Verwandten, die mir mitteilen wollten, ob alles friedlich verlaufen war. Um neun Uhr war es so weit; ich erfuhr Folgendes: Die Notfalltierärztin, in deren Obhut Soleil war, fand heraus, dass Martin und Gaby Kontakt hatten

mit der Tierärztin, welche Chinesische Medizin prakti-
zierte. Daraufhin eröffnete die Notfalltierärztin, sie habe
bei eben dieser Tierärztin eine Ausbildung gemacht, und
fing sogleich an, Soleil auf diese Weise zu behandeln.
Und siehe da, Soleil sprach so gut auf die Therapie an,
dass das Einschläfern nicht mehr im Vordergrund stand.
Er begann, sich wieder selber zu putzen, fauchte die Tierärztin an, konnte seine Hinterläufe bewegen und uri-
nierte wieder ohne fremde Hilfe. Mit den zusätzlichen
chinesischen Kräutern, welche Soleil von der ursprüng-
lich gewünschten Tierärztin erhielt, wurden ihm weitere
Lebenstage geschenkt.
Nach dieser erfreulichen Verbesserung seines Zustandes
dachten wir alle, Soleil sei nun über den Berg. Doch es
kam anders. Martin bemerkte bald einen eigenartigen
Geruch; außerdem leckte sich Soleil stark das Hinter-
bein. Die Untersuchung beim Tierarzt ergab, dass sich
eine Infektion im Bein entwickelte, die sich auch nicht
verbesserte. So entschied man sich, Soleil von seinen Leiden zu erlösen.
Während des ersten Abschiedsgespräches teilte mir Soleil
mit, er mache Platz für eine neue Seele. Ich behielt die
Information vorerst für mich, da ich die Aussage nicht
richtig einordnen konnte. Als Martin und Gaby auf Besuch kamen, fragte ich sie zaghaft, ob sie die Vorstellung,
dass ein Baby zusammen mit Soleil aufwachsen würde,
ängstigte. Gaby meinte, der Gedanke bereite ihr wohl
manchmal Sorge, da die Frauenärztin ihr die Nachteile

der Katzenhaltung während Schwangerschaft und Baby-zeit geschildert hatte. Sie versuche seit zwei Jahren ver-geblich, schwanger zu werden.

Soleil hat sich für diesen Weg – den Weg ins Licht – ent-schieden. Ohne Groll, ohne Wehmut – in und aus be-dingungsloser Liebe zu seinen Menschen. Für ihn macht es keinen großen Unterschied, ob er körperlich oder in geistiger Form bei seinen Menschen ist. Er wird ihnen jetzt von einer anderen Ebene her beistehen.

Was kann die Tierkommunikation nicht?

Wie bereits erwähnt, spiegelt ein »Fehlverhalten« des Tieres des Öfteren auch die Probleme des Menschen. Wir sollten daher immer zuerst uns selbst den Spiegel vorhalten, bevor wir uns mit irritierenden Eigenarten des Tieres beschäftigen. Nun gut, das ist wahrscheinlich einfacher gesagt als getan. Wer beschäftigt sich schon gerne mit seinen eigenen Problemen, zumal mit solchen, die man lieber bei anderen entdeckt und vielleicht erst nach längerem Hinschauen als die eigenen erkennt?

Manchmal sind es nicht unbedingt Probleme, die durch unsere Tiere widergespiegelt werden, sondern vielmehr Bedürfnisse des Menschen, welche durch die Tiere ausgelebt werden.

Unser Kater zum Beispiel. Eigentlich ist er ein recht häusliches Tier; er macht wohl gerne Erkundungen in der Nachbarschaft, kehrt aber immer nach kürzerer Zeit nach Hause zurück und schläft auch da. Es gibt allerdings Zeiten, in denen ich ihn alle paar Tage mal ein paar Minuten zu Gesicht bekomme – was mich dann immer sehr traurig stimmt, denn ich habe ihn sehr gerne in meiner Nähe. Es verging einige Zeit, bis ich bemerkte, dass Akimba stets dann längere Zeit von zu Hause weg ist, wenn ich selber mir mehr Freiheit wünsche, sie aber gerade nicht habe.

Die Tierkommunikation ist zudem nicht das Mittel, rassenspezifische Eigenheiten oder Instinkte zu ändern. Wie wäre es wohl, wenn ich Lucy, die belgische Schäferhündin, die bei meinen Eltern lebt, einmal am Tag in einen kleinen Garten ließe, um ihr »Geschäft« zu verrichten, und danach von ihr erwartete, den ganzen Tag ein liebes, artiges Schoßhündchen zu sein? Abgesehen davon, dass sie allein wegen ihres Gewichts und ihrer Größe Mühe hätte, diese Aufgabe zu erfüllen, würde es nicht lange dauern, bis Lucy sich das eine oder andere einfallen ließe, damit man ihrer Natur wieder gerecht würde.

Durch die Tierkommunikation können lediglich Veränderungen herbeigeführt werden, wenn Mensch und Tier zusammenarbeiten. Die Tierkommunikation ist nicht dazu da, dem Tier Befehle zu erteilen, es unterzuordnen oder zu beherrschen. Tiere sind selbstständige Lebewesen, deren individuelle Freiheit wir genauso zu respektieren haben wie die unserer Mitmenschen. Tiere sind und haben eigene Persönlichkeiten, welche es zu beachten und zu schätzen gilt.

Verschiedene Arten der Kommunikation

Jedes Lebewesen hat eine unterschiedliche Art zu kommunizieren. Diese Varietät der Kommunikation kommt auch beim menschlichen Gesprächspartner in unterschiedlicher Weise an.

Manche Menschen können im Umgang mit anderen Lebewesen – sei es nun Mensch oder Tier – spüren, wie es ihm geht oder wie es sich fühlt. Andere Menschen sind eher visuell veranlagt und empfangen Bilder; wiederum andere hören Botschaften, Töne, Stimmen und einzelne Worte. Eine weitere Gruppe kann intuitiv wissen, was das Tier fühlt oder denkt, und übersetzt dieses Wissen in Worte, Gefühle oder Bilder. (Siehe Kapitel »Die Kommunikation – Antworten empfangen«.)

Es gibt somit nicht »den« Weg, mit einem Tier zu kommunizieren. Vielmehr ist die Kommunikation von Mensch zu Mensch verschieden. Es ist durchaus möglich, dass eine Tierkommunikation mit all diesen Sinnen erfolgt oder im Wesentlichen mit einem oder zweien davon. Es ist wichtig, dass man seine eigene Art zu kommunizieren findet und darauf zu vertrauen lernt.

Beim Erlernen der Tierkommunikation kann es sein, dass man lediglich einzelne Fragmente wahrnimmt oder erhält. Manchmal ergeben diese Wahrnehmungen auf den ersten

Eindruck keinen Sinn. Dennoch sollten sie ernst genommen werden. Oft steckt mehr dahinter. Bei Unklarheiten kann man das Tier zudem fragen, was es damit meint.

Tiere nach ihren Wünschen befragen

Sobald man die telepathische Kommunikation wieder beherrscht, kann man die Wünsche des Tieres erfragen. Bei diesem Punkt rate ich Ihnen dringend, die Wünsche des Tieres absolut ernst zu nehmen und nach Möglichkeit danach zu handeln. Es wäre sehr machthaberisch und abwertend, Ihren Tiergefährten nach seinen Wünschen zu fragen und sie – sofern sie erfüllbar sind – dennoch zu ignorieren. Seien Sie auch darauf gefasst, dass sich mit der Erfüllung eines Wunsches Ihr eigenes Leben oder die Tätigkeiten, welche Sie bis dahin betrieben haben, stark ändern könnten. Wenn Sie Ihr Tier als Gefährten und nicht als ein unterstelltes Wesen wahrnehmen, werden Sie bereit sein, ein richtiges Zusammenleben anzustreben, bei dem die gegenseitigen Wünsche und Bedürfnisse respektiert und akzeptiert werden.

Dixon ist bei mir seit seinem vierten Lebensjahr. Ich habe ihn selber ausgebildet, er beherrschte zuletzt alle Dressurlektionen sehr sicher. Es ist eine Riesenarbeit, ein Pferd über einen so langen Zeitraum auszubilden, und es ist nicht selten auch ein großes Glück, wenn Pferd und Reiter über diesen Zeitraum gesund bleiben. Dixon hat bei allen unseren gemeinsamen Unternehmungen immer gut mitgemacht und war motiviert. Das große Ziel war es, bei einem Grand Prix zusammen an den Start zu gehen.

Im vergangenen Jahr spürte ich jedoch, dass Dixons Leistungsbereitschaft stark nachließ, ohne dass gröbere gesundheitliche Probleme vorlagen. Nach einem sehr anstrengenden Training im September versprach ich ihm eine Pause und gewährte sie ihm auch.

Nachdem ich das Training wieder aufnehmen wollte, war er höchst unmotiviert und verfiel zeitweise in eine Art Depression. Ich fragte ihn, wie er sich die Zukunft in Bezug auf die Dressurarbeit vorstelle. Dixon sagte ganz klar, im Moment möge er keine Dressurarbeit leisten. In der Hoffnung, ihm damit einen Wunsch zu erfüllen, dachte ich an eine Altersweide, doch Dixon äußerte unmissverständlich, er wolle hier bei mir bleiben. (Eine Altersweide ist ein betreuter Aufenthaltsort für Pferde, welche nicht mehr geritten werden können oder möchten. Sie weilen dort meist nicht in Ställen, sondern auf großen Weiden und mit vielen Artgenossen.)

Ich hatte gewusst, dass wir irgendwann an diesen Punkt gelangen würden, trotzdem war es für mich eine so gewaltige Umstellung und ein psychischer Stress, dass ich graue Haare bekam.

Dennoch respektierte ich Dixons Wunsch und erfüllte ihn, weil er im Bereich des Möglichen lag.

Nach einer längeren »Dressurpause« konnte ich spüren, dass Dixon immer fitter und ungestümer wurde. Ich beschloss daher, ihn wieder langsam unter dem Sattel zu reiten, und siehe da, er hatte mehr Spaß und Motivation als je zuvor. Wenn er wieder mal keine Lust auf Arbeit hat, darf er einfach auf der Koppel sein, und wenn er arbeiten mag, arbeiten wir. Wir haben eine Lösung gefunden, die für uns beide stimmt.

Selbstverständlich gibt es Situationen, in denen man die Wünsche des Tieres nicht erfüllen kann. Ich erinnere mich an das Gespräch mit einer ehemaligen Zuchthündin, welche an eine Privatperson verkauft worden war, weil die Hündin nur einmal trächtig und für die Zucht ungeeignet war. Ihr großer Wunsch war es, einmal in ihrem Leben ein Baby zu haben, das bei ihr bleiben konnte, statt für den Verkauf bestimmt zu sein. Da dieser Wunsch für die Menschengefährtin nicht realisierbar war, hielt sie nach anderen Möglichkeiten Ausschau, um ihrer Hündin möglichst gerecht zu werden. Sie erzählte mir später, sie habe eine junge Hündin dazugenommen, sodass die große Hündin ihre »Mutterschaft« nun auf diese Weise erleben konnte. Diese Lösung hat alle drei sehr zufrieden gestellt.

Sollte der Wunsch eines Tieres nicht erfüllt werden können, suchen Sie nach vertretbaren Alternativen und erklären Sie dem Tier unbedingt, wieso der Wunsch nicht realisierbar ist. Nicht selten kommen durch ein klärendes Gespräch neue Möglichkeiten und Lösungen zum Vorschein, an die man vielleicht gar nicht gedacht hätte. Seien Sie offen für alles und Sie werden Wunder erleben!

Vermisste Tiere

Auch beim Auffinden vermisster Tiere kann die Tierkommunikation sehr hilfreich sein. Ich möchte allerdings betonen, dass es eine Möglichkeit ist, aber nicht immer das gewünschte Ergebnis bringt, nämlich dass das Tier wieder nach Hause findet.

Dass Tiere von zu Hause fortlaufen, kann verschiedene Ursachen haben. Nach meiner Erfahrung sollte man sich stark mit eben diesen Gründen befassen. Natürlich kommt es vor, dass ein Tier wegrennt, weil es sich vor etwas erschreckt, die Orientierung verliert und den Nachhauseweg nicht mehr findet. In einem solchen Fall ist es meist nicht sehr aufwendig, mit dem Tier Kontakt aufzunehmen und ihm den Nachhauseweg zu erklären. Leider verläuft die Suche nach einem vermissten Tier in den wenigsten Fällen komplikationslos.

Meistens haben Tiere einen Grund, weshalb sie sich entscheiden, wegzulaufen. Gelingt es uns einerseits, durch einfühlsame Gespräche diesen Grund ausfindig zu machen, und andererseits, bereit zu sein, den wahren Grund zu erfahren, können wir viel bewirken.

Tiere können uns durch ihr Verhalten aufzeigen, was in ihrem Umfeld in ein Ungleichgewicht oder gar ganz aus dem Lot geraten ist. Zusammenhänge, die wir vielleicht nicht sehen oder gar nicht bereit sind zu sehen. Der Erfolg, ob ein vermisstes Tier den Weg in sein Zuhause zurückfindet, hängt somit maßgeblich davon ab, die Gründe anzuschauen und eventuell gewisse Umstände zu ändern.

Eine Frau kontaktierte mich und bat mich, ihr bei der Suche ihres entlaufenen Katers behilflich zu sein. Man muss wissen, dass die Suche eines entlaufenen Tieres über Tage oder sogar Wochen dauern kann und eine enge Zusammenarbeit der Beteiligten voraussetzt. Der Kontakt zum entlaufenen Kater kam zwar zustande, ich konnte jedoch wenig bis gar keine Informationen empfangen. Der Kater sagte mir, er sei noch am Leben, finde aber den Nachhauseweg nicht mehr, und teilte mir mit, in welcher Richtung er sich befand.

Diese Informationen teilte ich der Besitzerin mit und wollte sie veranlassen, Plakate herzustellen und sie in der vom Kater angegebenen Richtung auszuhängen. Die Frau hielt dies für zu umständlich; sie habe bereits viel Zeit aufgewendet und wolle die Situation eigentlich abschließen. Natürlich musste ich ihre Entscheidung akzeptieren.

Wie gehen Sie nun vor, wenn ein Tier vermisst wird? Als Erstes nehmen Sie über ein Foto die Verbindung zum Tier auf, begrüßen es, stellen sich vor und fragen oder fühlen, ob das Tier noch am Leben ist. Die heikelste aller Fragen natürlich gleich zu Beginn; ein Umstand, der die Situation nicht unbedingt vereinfacht. Diese Frage kann unter Umständen nicht ganz einfach beantwortet werden, weil Tiere die Fähigkeit haben, sich zwischen den Ebenen zu bewegen. Sie können zum Beispiel in sehr tiefen Schlaf fallen, der es uns unmöglich macht, klar zu sagen, ob das Tier noch lebt oder nicht. Akzeptieren Sie bei dieser Frage keine vorschnellen Antworten und fragen Sie bei Unsicherheit zu einem späteren Zeitpunkt nochmals nach.

Es kann durchaus sein, dass Sie auf die Frage oder sogar schon auf die Kontaktaufnahme weder eine Antwort erhalten noch eine Verbindung zum Tier erspüren. Sollte auch zu einem späteren Zeitpunkt keine Verbindung zum Tier zustande kommen, können Sie die Arbeit mit dem Pendel oder der Rute fortsetzen, sofern Sie mit diesen Hilfsmitteln genügend vertraut sind.

Falls Sie ein Lebenszeichen vom Tier erhalten, bitten Sie es, Ihnen die Umgebung zu schildern, in der es sich momentan aufhält. Eventuell kann es Ihnen ein Bild von Straßenbeschilderungen oder auffälligen Gebäuden telepathisch senden. Seien Sie sich aber bewusst: Was das Tier Ihnen sendet, muss nicht unbedingt zum Zeitpunkt des Gespräches stattfinden. Dies kann für große Verwirrung

103

sorgen und lässt einen hektisch und aufgeregt an Orte hetzen, an denen das Tier zwar war, aber bereits nicht mehr ist. Verwerten Sie die Bilder und Informationen, welche Ihnen das Tier sendet, immer als Anhaltspunkt und mögliche Option.

Sofern es Ihnen gelingt, eine gute Verbindung zum Tier aufzubauen, können Sie es über die Gründe des Weglaufens fragen und ob es den Nachhauseweg alleine findet oder ob es Hilfe möchte oder gar braucht. Wie oben erwähnt, sind die Gründe für das Weglaufen sehr ernst zu nehmen und unbedingt zu beachten.

Kurz nach einem Umzug im gleichen Dorf war Akimba verschwunden. Ich konnte mit ihm Kontakt aufnehmen, mit ihm sprechen, er zeigte mir, wo er sich aufhielt, aber ich konnte ihn nicht dazu bewegen, in das neue Heim zu kommen. Bei unserem Wegzug hatten wir das große Fenster, in dem die Katzentür montiert war, an die Nachbarn weitergegeben; das Fenster wurde also von unserer alten Wohnung entfernt und am Haus unserer damaligen Nachbarn installiert. Akimba schilderte mir, er wolle sich nun bei den Nachbarn einquartieren; »seine« Tür sei ja noch hier. Außerdem sei es ihm am neuen Ort derart unwohl, dass er beschlossen habe, am alten Ort zu bleiben. Nach einem halben Jahr beschlossen wir, die Wohnung wieder zu verkaufen, wobei Akimba ohne Weiteres mit an den neuen Ort kam. Akimba hat uns mit seiner penetrant sturen Art aufgezeigt, was wir nicht wahrhaben wollten: dass die neue Wohnung zwar wunderschön und mit allem Möglichen, was wir uns immer gewünscht hatten, ausgebaut war, dass sie uns allerdings energetisch gesehen mehr schadete als nützte.

Tierkommunikation und Ernährungsgewohnheiten

Wenn man sich vertieft mit der Tierkommunikation auseinandersetzt, kommt man nicht darum herum, sich mit der Frage zu beschäftigen, ob man überhaupt Fleisch oder andere tierische Produkte zu sich nehmen möchte. Keine Angst, Sie werden in den folgenden Zeilen von mir nicht hören, was Sie diesbezüglich tun oder lassen sollen. Das muss ganz allein Ihre eigene Entscheidung sein, die von jedermann zu respektieren ist. Ich schildere Ihnen das eine oder andere und gebe Ihnen ein paar Denkanstöße.

Beginnen wir bei den Naturvölkern: Bevor sie ein Tier jagten und erlegten, verbanden sie sich mit der Seele des Tieres und fragten, ob es bereit sei, sein irdisches Leben zu lassen, damit sich der Mensch von seinem Fleisch ernähren könne. Erst wenn sie ein Ja erhielten, schritten sie zur Tat.

In der heutigen Zeit, wo wir das Jagen und Erlegen der Tiere nicht mehr selber tätigen, sondern Fleischern oder Jägern überlassen, können wir die Tiere nicht selber nach ihrer Meinung fragen. Wir sind darauf angewiesen, den Produzenten vertrauen zu können: dass wir Fleisch kaufen, das von artgerecht und fair gehaltenen Tieren stammt.

Es gibt nun die Meinung, dass jedes Tier Angst hat, wenn es geschlachtet wird; und diese Angstenergie werde im Fleisch gespeichert. Also essen wir infolgedessen auch diese Angstenergie mit.

Eine andere Meinung besagt: Tiere, die geschlachtet werden und uns Menschen Fleisch zur Verfügung stellen, hätten sich bereits vor der Inkarnation in einem Tierkörper für dieses Leben entschieden.

Ich persönlich bin der Ansicht, dass beide Meinungen Geltung haben. Nichtsdestoweniger sollten wir unbedingt darauf achten, woher das Fleisch kommt und wie die Haltungsbedingungen sind. Hören Sie diesbezüglich auch auf Ihr Gefühl. Wenn Sie vor der Wahl stehen, Fleisch einzukaufen oder ein Fleischgericht zu essen, gehen Sie einen Moment in sich und spüren Sie, wie es sich anfühlt, das angebotene Fleisch zu kaufen oder zu essen. Ich handhabe es zudem so, dass ich mich bei dem Tier, das sich zur Verfügung gestellt hat, bedanke, bevor ich es esse.

Außer dem Verzehr von Fleisch werden auch andere Konsumgüter in der spirituellen Literatur diskutiert. Laut anderen Thesen ver- bzw. behindert der Konsum von Kaffee und anderen Genussmitteln die Fähigkeit, telepathisch zu kommunizieren oder ganz allgemein den Kontakt zur geistigen Welt aufzunehmen. Dass Sie keine telepathische Kommunikation durchführen können, wenn Sie drei Gläser Bordeaux getrunken haben, versteht sich von selbst. Ich möchte Ihnen nahelegen, für sich selber zu entscheiden, wenn Sie auf solche Regeln treffen, und sich nicht einfach blindlings an »Gesetze« zu halten, obwohl Sie sich nicht damit identifizieren können.

Bilden Sie sich über das oben genannte Thema Ihre eigene Meinung und sammeln Sie selbstständig Ihre eigenen Erfahrungen. Experimentieren Sie mit dem Genuss von Fleisch, von Kaffee, Zucker etc. im Zusammenhang mit der telepathischen Kommunikation. Finden Sie heraus, wie diese Nahrungsmittel auf Sie und Ihre Fähigkeiten wirken, und entscheiden Sie dann, wie Sie es persönlich handhaben wollen.

6. Kinder und telepathische Kommunikation

Dieses Kapitel ist ein persönlicher Erfahrungsbericht. Es schildert meine eigenen Beobachtungen und Erlebnisse mit meinem Sohn Ruben. Ich hatte zuvor keinerlei Kenntnisse über Kinder und ihre außerordentliche Fähigkeit zur Telepathie und zum Kontakt mit der geistigen Welt. Nach meiner Überzeugung haben alle Kinder diese »Begabung«, unabhängig von dem Umfeld, in dem sie aufwachsen; allerdings verlieren sie diese Fähigkeit mit der Zeit, wenn sie nicht gefördert wird. Dass wir die Fähigkeit wiedererlangen können, habe ich bereits erörtert.

Wenn Sie selber Kinder haben, werden Sie sicher Ihre eigene Geschichte wiedererkennen. Können Sie sich an das Gefühl erinnern, als Ihr Kind plötzlich etwas sagte, das Sie zuvor gedacht haben? Ich jedenfalls war zuerst äußerst erstaunt und suchte nach allen möglichen Erklärungen dafür. Das Naheliegendste konnte ich erst mit der Zeit akzeptieren: Mein Sohn liest meine Gedanken.

Alles, was ich mir mühsam und durchzogen von Zeiten voller Zweifel antrainiert habe, macht er aus dem Effeff und in einer völlig selbstverständlichen Art und Weise. Seine mühelose Art, meine Gedanken zu lesen und telepathisch zu kommunizieren, ist auch nicht verwunderlich: Er kam – wie alle anderen Kinder – mit dieser Gabe zur Welt. Dennoch erstaunt es mich immer wieder, mit welcher Präzision und Selbstverständlichkeit er dies tut.

Als er letztens in der Badewanne saß, betrachtete ich seine langen Haare und dachte, dass wir unbedingt zum Friseur müssten. Kurz darauf sagte er: »Mami, Christine Höörli schniide?« (Mami, gehen wir zu Christine, um meine Haare schneiden zu lassen?)

Ein anderes Mal, als wir beim Abendessen waren, sagte er, dass seine Tante zu Hause sei, aber noch das Geschirr abwaschen müsse. Diese Bemerkung kam scheinbar aus dem Nichts, als er wahrscheinlich an seine Tante dachte. Da die Bemerkung so zusammenhangslos erschien, rief ich meine Schwägerin an und fragte sie, was sie mache. Sie antwortete, sie habe gerade zu Hause gegessen und müsse nun noch das Geschirr spülen.

Kinder können nicht nur Gedanken lesen, sondern ohne Weiteres telepathisch kommunizieren. Eines Morgens saß eine der Katzen mit Ruben zusammen auf dem Sofa, sie schauten sich bloß an. Nach einiger Zeit sagte er, sie habe letzte Nacht eine Maus hereingebracht, worüber Papi sehr verärgert war, weil er aufstehen musste, um die noch lebendige Maus zu retten. Genau so, wie Ruben es mir schilderte, war die Situation in der Nacht verlaufen, während er tief und fest schlief.

Zu den beiden Katzen hat unser Sohn eine ganz spezielle Beziehung. Schon während meiner Schwangerschaft ruhten sich die Katzen abwechselnd auf meinem Bauch aus. Dieses Verhalten haben sie weder vor der Schwangerschaft noch danach praktiziert. Als Ruben dann auf der Welt war, bewachten sie ihn regelrecht die erste Zeit und begleiteten regelmäßig den Besuch bis vor die Haustür, damit sie wirklich sichergehen konnten, dass er weg war. Einmal hat Akimba sogar verhindert, dass Ruben sich verletzte. Ich saß im Wohnzimmer und las ein Buch, während Ruben in seinem Gitterbett schlief. Plötzlich tauchte Akimba bei mir auf und schrie mich ununterbrochen an, ich solle sofort kommen. Er führte mich zu Ruben, der im nächsten Moment kopfüber aus seinem Gitterbett auf den Boden zu fallen drohte. Dank Akimbas Aufmerksamkeit konnte Schlimmeres verhindert werden.

Einmal durfte ich mit einem dreijährigen Mädchen telepathisch kommunizieren. Seine Mutter hatte mich angerufen und mehr oder weniger verzweifelt gefragt, ob ich mit ihrer Tochter Kontakt aufnehmen könne, da sie bis zum Alter von drei Jahren nur rudimentär sprach und keinen Elan zeigte, neue Worte zu lernen. Das Mädchen kommunizierte mit seinen Eltern »bewusst« telepathisch, die Eltern ihrerseits antworteten unbewusst auf diese Art. Es bestand also im Grunde gar kein Bedürfnis, sich anders als über die Telepathie auszudrücken; das Mädchen war sehr zufrieden und hatte alles, was es sich wünschte. Was mich sehr beeindruckte, war aber, dass das Mädchen mir mitteilte, sie werde anfangen zu sprechen, allerdings den Zeitpunkt dafür selbst aussuchen; man solle ihr vertrauen und keine Angst um ihre Entwicklung haben.
Die Mutter des Mädchens erzählte mir daraufhin, sie habe das aufgezeichnete Gespräch zwischen ihrer Tochter und mir den engsten Familienmitgliedern gezeigt, damit diese wissen, wie sie mit dem Mädchen umgehen sollen. Daraufhin hat sich das Mädchen gegenüber einer Person sehr geöffnet, die das Gespräch zwischen mir und dem Mädchen überaus positiv aufgenommen hat. Nun, nachdem einige Zeit vergangen ist, ist es schön, mit anzusehen, wie das Mädchen voller Vertrauen in ihre Umwelt zu sprechen beginnt.

111

Mit der Kenntnis, dass Kinder telepathisch kommunizieren können, stellt sich uns Eltern die Herausforderung, diese Gabe – falls gewünscht – zu erhalten. In einem Heim, wo Kinder und Tiere zusammen aufwachsen, dürfte sich diese Herausforderung einfacher gestalten als in einem tierlosen Haushalt, denn Tiere tragen ganz von alleine zur Erhaltung dieser Fähigkeit bei, indem sie mit den Kindern kommunizieren.

Ich persönlich zum Beispiel ermutige meinen Sohn oft, selber mit den Tieren zu sprechen, wenn er mit einer Bitte in Bezug auf unsere Katzen zu mir kommt. Auf diese Art und Weise bleiben seine angeborenen Fähigkeiten geschult. Wichtig aber ist, dass Kinder im Hinblick auf telepathische Fähigkeiten und den Kontakt mit der geistigen Welt sanft und spielerisch gefördert und nicht überfordert werden.

Oft kommen Kinder von alleine auf die Idee, mit Tieren zu sprechen. Oder sie erzählen Ihnen plötzlich von einem Engel, der sie überallhin begleitet. Nehmen Sie diese Anlässe als Möglichkeit wahr, Ihr Kind bei der Entdeckung seiner Fähigkeiten zu unterstützen; vermeiden Sie es aber, es zu etwas zu drängen, das es womöglich nicht möchte und es überfordert.

Ich kann mir vorstellen, dass eine Zeit kommen wird, in der mein Sohn die Fähigkeit, telepathisch zu kommunizieren, in den Hintergrund stellen wird – vielleicht wenn er in den Kindergarten oder in die Schule kommt.

In dieser Zeit werden ganz andere Eindrücke und Wahrnehmungen auf ihn einströmen, sodass es nicht verwunderlich wäre, wenn er zeitweise (oder dauernd) andere Schwerpunkte setzen würde. Der Einfluss anderer Kinder – Kinder, die in der telepathischen Kommunikation nicht unterstützt wurden und für die es keine Selbstverständlichkeit ist, sich auf diese Weise zu verständigen – ist nicht zu unterschätzen. Dem reinen Selbstschutz zuliebe und aus Angst, mit Preisgabe der Fähigkeiten ins Außenseitertum zu geraten, wäre es verständlich, wenn mein Sohn die Fähigkeit, telepathisch zu kommunizieren, verdrängen würde.

Aus Gesprächen mit Eltern, die bereits schulpflichtige Kinder haben, weiß ich, dass es zu einer Verdrängung dieser Fähigkeiten kommen kann. Wenn es denn so sein soll – und nicht zuletzt mit liebevoller konstruktiver Unterstützung der Eltern –, wird sich aber wieder ein Weg finden, auf dem die Kinder zu ihren schlummernden Fähigkeiten zurückfinden und sie ausüben werden, sofern sie es wollen.

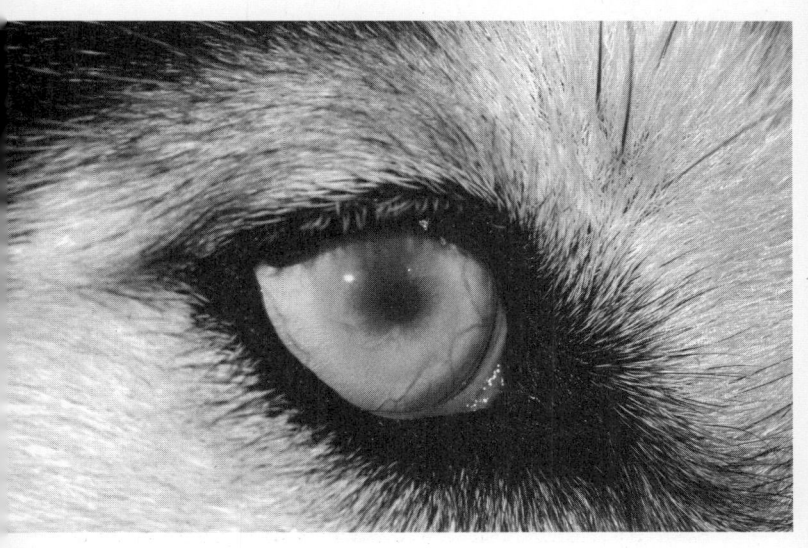

7. Energetische Reinigung und energetischer Schutz

Ein Freund, der selber Tierkinesiologe ist, hat mir eines Tages ans Herz gelegt, mich energetisch zu schützen und zu reinigen, wenn ich auf dieser Ebene Kontakt zu anderen Lebewesen hatte. Er selber führe diese energetische Reinigung jeden Abend vor dem Schlafengehen durch, um nicht mit fremden Energien belastet zu sein.

Er erzählte von einem Pferd, das er wegen starken Hustens behandelt habe. Einige Zeit später sei er selber von der einen auf die andere Minute von einem Hustenanfall heimgesucht worden, der so stark war, dass er nicht mal mehr eine Treppe hochsteigen konnte. Es sei ihm sogleich in den Sinn gekommen, dass er vergessen habe, sich energetisch zu reinigen. Nach der Reinigung sei der Husten ebenso schnell verschwunden, wie er gekommen war.

Während er diese Geschichte erzählte und mir die Wichtigkeit der energetischen Reinigung verdeutlichte, schaute ich ihn nur nickend und mit großen Augen an und dachte für mich: »Mach du das nur, mein Lieber; wenn du dafür Zeit und Laune hast, ist das gut und recht, aber ich brauch das sicher nicht.« Ich wusste nun über energetische Reinigung Bescheid, hielt es aber überhaupt nicht für nötig, sie durchzuführen.

Eines Tages besuchte ich ein Zentrum, in dem viel energetisch gearbeitet wird. Nach dem Aufenthalt dort wurde ich von Übelkeit und Schwindel heimgesucht, beides wurde immer schlimmer. Nach einer einfachen Reinigung, welche der Tierkinesiologe mich durchführen ließ, ging es mir innerhalb einiger Minuten wieder besser. Ich musste an diesem Ort wohl Energien »aufgelesen« haben, die mir nicht sonderlich gut bekamen.

Aber auch diese Erfahrung beeindruckte mich nicht so sehr, dass ich mich von nun an der energetischen Reinigung diszipliniert unterworfen hätte. Ich brauchte eine weitere Lektion: Über ein Jahr lang hatte ich jeweils am Tag nach einem Meditationsabend, bei dem wahrscheinlich viele Energien frei wurden, Kopfschmerzen. Ich verstand die ganze Sache lange Zeit überhaupt nicht und plagte mich jede Woche am gleichen Wochentag mit Kopfschmerzen herum, bis mich mein Mann eines Tages darauf aufmerksam machte, dass es etwas mit diesen Treffen zu tun haben könnte. Ich wollte ihm zuerst keinen Glauben schenken, weil ich diese Meditationen immer sehr genoss und sie mir eigentlich guttaten. Aber tatsächlich, als ich diese Treffen ausließ, blieben auch die Kopfschmerzen weg und kamen bis zum heutigen Tag nicht mehr. Seit dieser Erfahrung bin auch ich zu der Überzeugung gelangt, dass es sinnvoll und gesundheitlich von Vorteil ist, sich mit der energetischen Reinigung zu befassen.

Ich möchte im Folgenden erklären, wie es überhaupt dazu kommen kann, dass sich die Energien vermischen bzw. dass man sie aufnimmt oder abgibt, und wie eine Reinigung und der Schutz im Einzelnen aussehen können.

Energieräuber

Sicher haben Sie es schon einmal erlebt: Wenn Sie mit bestimmten Menschen zusammen sind, fühlen Sie sich danach total ausgelaugt, es geht Ihnen schlecht, Sie haben Kopfschmerzen und fühlen sich müde. Oder aber Sie

117

sind mit bestimmten Menschen zusammen und fühlen sich danach total gut, stark und kraftvoll.

Unser physischer Körper ist von einem Energiefeld, unserer Aura, umgeben. Das gilt nicht nur für menschliche oder tierische Körper, sondern für alles, was eine atomare Struktur hat. Dieses Energiefeld – mit einem Radius von ca. 2,5 bis 3 Metern – weist von Mensch zu Mensch unterschiedliche Schwingungsmuster auf. Die Aura kann von hellsichtigen Menschen wahrgenommen werden, sie kann aber auch erfühlt werden (siehe dazu die Übung auf Seite 135). Mittels der Kirlianfotografie kann man die Aura auch bildlich festhalten.

Ihr eigenes Energiefeld interagiert mit anderen – seien dies nun Energiefelder von anderen Menschen oder Tieren oder die Umwelt an und für sich. Durch diese Interaktionen wiederum kann es sodann zu einem Austausch in Form von Energieabzug oder Energiezufuhr kommen.

Bei einem Seminar saßen die Teilnehmenden im Abstand von jeweils einem halben Meter nebeneinander im Kreis. Die Gemeinschaft hatte sich um 10 Uhr versammelt und war bis 17 Uhr zusammen. Während der ersten Pause nach zwei Stunden klagten alle über die Kälte im Raum. Eine der Teilnehmerinnen zog sogar im geheizten Seminarraum ihren Mantel an, weil sie richtiggehend fror; es war ihr unerklärlich, warum sie einen geheizten Raum als so kalt empfand, weil sie sonst nie fror, wie sie berichtete.

Es verging eine weitere Stunde und allen Teilnehmenden war es wieder warm. Später fanden wir des Rätsels Lösung: Eine Teilnehmerin hatte sich sehr unwohl gefühlt. Sie berichtete am Ende des Seminars, dass sie sich zu Beginn niemals zugetraut hätte, telepathisch kommunizieren zu können; sie sei sich völlig fehl am Platze vorgekommen und überlegte sich ständig, das Seminar vorzeitig zu verlassen. Die Unsicherheit und Energie dieser Person wurde von den anderen in Form von Kälte wahrgenommen. Die Energie wurde erst ausgeglichen, als die Frau bei einer Übung ein großes Erfolgserlebnis hatte und dadurch die Gewissheit gewann, dass auch sie telepathisch kommunizieren kann.

Da es auch bei der Tierkommunikation zu einem solchen Energieaustausch kommen kann, ist es angezeigt, sich danach energetisch zu reinigen. Die folgenden Reinigungsrituale können Sie aber auch in jeder anderen Situation durchführen; sie sind vor allem angezeigt, wenn Sie sich in größeren Menschenmengen oder an Orten aufgehalten haben, an denen Sie sich nicht wohlgefühlt haben. Mit der Zeit spüren Sie ganz von selbst und immer rascher, wann eine Reinigung erforderlich ist.

Erden

Durch das »Erden« erlangen wir unsere Bodenhaftung wieder, sollte diese verloren gegangen sein. Es kann vorteilhaft sein, sich mehrmals täglich zu erden.

Stellen Sie sich am besten draußen in der freien Natur hin (sollte das nicht möglich sein, können Sie die Erdungsübung auch drinnen stehend oder sitzend ausführen, eventuell am offenen Fenster), schließen Sie die Augen und achten Sie während einiger Atemzüge bewusst auf Ihren Atem.
Sobald Sie durch die Konzentration auf den Atem zentriert sind, visualisieren Sie, dass von Ihren Füßen Wurzeln in die Erde wachsen. In Ihrer Vorstellung wachsen diese Wurzeln immer tiefer in die Erde hinein und verbinden sich mit ihr. Spüren Sie Ihre starke Verbundenheit mit der Erde.
Nun konzentrieren Sie sich wieder auf Ihren Atem und öffnen dann die Augen.

Von innen her leuchten

Diese Übung hilft Ihnen, innere Kraft und Stärke zu mobilisieren und Ihre Aura zu stärken.

Setzen oder legen Sie sich bequem hin und schließen Sie die Augen. Durch die Konzentration auf den Atem zentrieren Sie sich. Stellen Sie sich nun im Herzchakra ein schwaches Flämmchen vor. Nun lenken Sie mit jedem Atemzug Energie zu diesem Flämmchen, wobei es mit jedem Atemzug größer und heller wird. Es wächst mit jedem Atemzug mehr, bis auch Ihre gesamte Aura mit gleißendem, fast weißem Licht erfüllt ist (Sie können sich natürlich auch eine andere Farbe vorstellen, wenn Ihnen das lieber ist; ich bevorzuge Weiß, weil es alle Farben in sich vereint).

Visualisieren Sie sich nun noch eine Zeit lang in diesem Licht, bis Sie das Gefühl haben, dass jeder Schatten aus Ihrem physischen Körper und Ihrem Energiefeld durch dieses Licht erhellt ist.

Kehren Sie dann mit einigen tiefen Atemzügen ins Hier und Jetzt zurück und öffnen Sie die Augen.

Seelenbild reinigen

Diese Übung dient dazu, schwächende Fremdenergien loszuwerden, die tagsüber aufgenommen wurden.

Zuerst suchen Sie sich Ihr persönliches Seelenbild aus. Meines ist eine weiße Lilie. Das Seelenbild muss keinesfalls eine Blume sein. Ein klarer See, ein Aquarium, ein Baum, eine Landschaft sind weitere Beispiele dafür.

Setzen Sie sich am Abend vor dem Schlafengehen hin und konzentrieren Sie sich mit dem inneren Auge auf Ihr Seelenbild.

121

Weist es Verfärbungen auf, ist es trüb oder gar beschädigt? Diese Umstände weisen darauf hin, dass Sie nicht vollständig in Ihrer eigenen Energie sind.

Beginnen Sie nun mit der Reinigung, indem Sie mit geeignetem Werkzeug das Seelenbild reinigen. Putzen Sie die Verunreinigungen weg und lassen Sie das Seelenbild in ursprünglichem Glanz erstrahlen. Bei der Reinigung können Sie selbstverständlich Ihre Helfer beauftragen, Sie zu unterstützen.

Ist das Seelenbild vollständig gereinigt, betrachten Sie es für ein paar Minuten und öffnen dann Ihre Augen.

Sie werden sehen, dass Sie bereits in der kommenden Nacht besser schlafen und am Morgen erholter aufwachen werden.

Wasserfall

Diese Übung hilft, fremde Energien aus dem Energiefeld »herauszuwaschen«.

Setzen oder stellen Sie sich bequem hin und schließen Sie die Augen. Durch die Konzentration auf den Atem zentrieren Sie sich.

Stellen Sie sich nun vor, dass Sie unter einem Wasserfall stehen oder sitzen. Das Wasser strömt über Sie und nimmt alle energetischen Verunreinigungen von Ihnen weg. Dabei fließt das

Wasser mit den Verunreinigungen wieder in die Erde, wo sie zu Licht transformiert werden.

Sie können diese Übung auch unter der Dusche durchführen.

Machen Sie sie so lange, bis Sie körperlich eine Verbesserung Ihres Zustandes fühlen.

Räuchern

Das Räuchern von Räumen oder auch des feinstofflichen Körpers ist eine ganz wunderbare Sache, die man nach Belieben mit einem Ritual oder Zeremoniell verbinden kann.

Um den feinstofflichen Körper mit Räuchern zu reinigen, benötigen Sie:
- eine feuerfeste Schale (Durchmesser ca. 10–20 cm)
- Quarzsand
- Räucherkohle
- getrockneten weißen Salbei oder Weihrauch
- eine Vogelfeder

Füllen Sie die feuerfeste Schale mit Quarzsand und legen Sie die Räucherkohle darauf, wobei Sie diese entzünden. Sobald die Räucherkohle glüht, legen Sie den weißen Salbei oder den Weihrauch darauf. Den sich entwickelnden Rauch können Sie nun mithilfe Ihrer Hände oder der Feder durch Ihre Aura ziehen.

Besser ist es, wenn Sie diese Übung zu zweit oder in der Gruppe durchführen, damit die ganze Aura gereinigt werden kann, ohne dass Sie allzu heftige Verrenkungen durchführen müssen.

Chakrareinigung

Siehe bitte die Chakrameditation auf Seite 138.

Energetischer Schutz

Es gibt Situationen, bei denen ich im Voraus weiß, dass sie unangenehm werden. Oder ich gerate in Umstände, in denen ich spüre, dass ich energetischen Schutz brauche. Ein paar einfache Visualisierungen – wie die folgenden – dienen dann dazu, sich energetisch zu schützen. Selbstverständlich ist es Ihrer Intuition überlassen, energetische Schutzfelder nach Ihrer eigenen Vorstellung zu kreieren.

Lichtkugel

Visualisieren Sie sich in einer Kugel aus weißem oder farbigem Licht.

Spürt eine Freundin von mir, dass ihr Pferd einen bestimmten Ort nicht passieren möchte, hüllt sie sich und das Pferd visuell in eine Kugel aus hellblauem Licht. So konnte sie schon manch schwierige Situation beruhigen.

Zylinder

Stellen Sie sich vor, ein Zylinder, welcher oben und unten geschlossen ist, umgibt Ihren Körper und Ihr Energiefeld.

125

Auf diese Weise können Sie sich vor fremden Energien schützen, die Sie von sich fernhalten möchten.

Spiegel

Stellen Sie sich vor, der Zylinder, in den Sie sich gemäß der vorigen Übung gehüllt haben, ist auf der Außenseite verspiegelt.

Auf diese Weise fallen mentale Angriffe oder unliebsame Emotionen, die Ihnen entgegengebracht werden, auf den Absender zurück.

Pyramide

Durch die Visualisation, dass Sie und Ihr Energiefeld in einer Pyramide geschützt sind, können Sie sich quasi unsichtbar machen.

Ich meine dies nicht in dem Sinne, dass man Sie physisch nicht mehr sehen kann. Dennoch werden Sie dadurch nicht mehr so stark wahrgenommen; Sie ziehen damit von außen kommende Energien weniger stark an.

***

Ich habe weiter oben beschrieben, was geschehen kann, wenn man die energetische Reinigung oder den energetischen Schutz vernachlässigt. Dennoch sollte man vor bewussten oder unbewussten Energieverschiebungen keine Angst haben, denn Angst ist eine Energie, die einen immer schwächt, und genau das wollen wir ja verhindern. Seien Sie achtsam, und wenn Sie etwas bemerken, das Ihrer eigenen Energie schaden könnte, handeln Sie, indem Sie sich reinigen oder schützen. Der stärkste Schutz resultiert daraus, dass Sie in Ihrem Herzzentrum ein Gefühl von Frieden und Liebe aufbauen und dieses Gefühl über den ganzen Tag aufrechterhalten.

8. Übungen und Meditationen

Liegende Acht

Durch diese Übung werden die beiden Hirnhälften miteinander verbunden.

Schließen Sie die Augen und stellen Sie sich eine liegende Acht vor. Verfolgen Sie nun mit geschlossenen Augen die Linie der liegenden Acht, wobei Sie in der Mitte (das heißt am Schnittpunkt) nach oben rechts beginnen. Ihre Augen bewegen sich dabei der Linie der Lemniskate entlang.

128

Visualisieren/Wahrnehmen

Diese Übung hilft Ihnen, Ihre visuelle Vorstellungskraft zu schulen.

Betrachten Sie für 3 Minuten ununterbrochen einen Gegenstand (zum Beispiel eine brennende Kerze). Es darf geblinzelt werden, der Blick bleibt jedoch auf dem Objekt. Danach schließen Sie die Augen und sehen den Gegenstand in Ihrer Vorstellung: Sie richten Ihre Aufmerksamkeit auf das Dritte Auge und empfangen das Bild an dieser Stelle.
Erweitern Sie diese Übung, indem Sie sich gedanklich Dinge vorstellen, mit denen Sie vertraut sind, die Sie aber nur aus der Erinnerung in Ihr Vorstellungsvermögen rufen.

Wortabtausch

Es gilt bei dieser Partnerübung, auf den ersten Gedanken zu achten: Er ist beim Empfangen der Antwort während der Tierkommunikation sehr wichtig.

Überlegen Sie sich ein Wort, zum Beispiel »Baum«, und sprechen Sie es laut aus. Ihr Gegenüber äußert nun spontan einen ersten Gedanken (auch mehrere Worte), der ihr daraufhin in den Sinn kommt. Jetzt sind Sie an der Reihe, auf den Impuls Ihres Partners zu reagieren. Das geht immer weiter hin und her.

Telepathisch Farben und Gegenstände senden

Suchen Sie sich für diese Übung einen Partner. Setzen Sie sich vis-à-vis. Eine der beiden Personen stellt sich nun eine Farbe vor und sendet diese über die Lichtbrücke zur anderen. Der Empfangende versucht die gesendete Farbe wahrzunehmen. Unter Umständen müssen Sie die Farbe mehrere Male hintereinander senden, damit der Impuls stärker wird.
Sobald Sie diese Übung beherrschen, können Sie den Schwierigkeitsgrad erhöhen, indem Sie die Vision von jeglichen Gegenständen hin und her senden.

Wenn Sie diese Übung in größeren Gruppen durchführen, kann es sein, dass die innerhalb der Zweiergruppen gesendeten Farben oder Gegenstände von anderen Gruppen aufgenommen werden. Achten Sie daher darauf, dass der räumliche Abstand zwischen den Gruppen groß genug ist.

Herzbrücke zum Tier herstellen

Schließen Sie Ihre Augen und stellen Sie sich Ihr Tier vor. Nun bilden Sie zwischen Ihrem Herzchakra und dem Herzchakra Ihres Tieres eine Lichtbrücke. Fühlen Sie diese Verbindung zu

Ihrem Tier. Senden Sie ihm nun über die Lichtbrücke etwas zu: einen lieben Gedanken, ein Bild oder ein Gefühl.

Alles, was kommt

Diese Übung fördert das Vertrauen in Ihre telepathischen Fähigkeiten, ohne dass Sie ein Gespräch mit dem Tier führen müssen.

Dazu nehmen Sie ein Foto des Tieres in die linke Hand, setzen sich hin, schließen die Augen und nehmen über die linke Hand Informationen des Tieres auf. Sie stellen dem Tier keine konkrete Frage, sondern spüren nur seine Energie. Auf diese Weise können ganz unterschiedliche Informationen zu Ihnen kommen, sei es in Form von Gefühlen, Worten, Bildern, Empfindungen etc. Notieren Sie alles, was an Information zu Ihnen gelangt, auch wenn diese vorerst keinen Sinn ergeben oder Sie den Zusammenhang nicht erkennen.

Diese Methode können Sie auch anwenden, um die Gesamtsituation besser einzuschätzen, falls Sie während einer Tierkommunikation keine Antwort vom Tier erhalten.

In das Tier hineinfühlen

Zuerst bittet man das Tier unbedingt, sich in seinen Körper hineinfühlen zu dürfen. Falls es die Erlaubnis gibt, schützen Sie sich zunächst energetisch! Sie können dabei auch den folgenden Satz sprechen: »Ich habe beim Einfühlen in das Tier die Absicht, seinen Körper und seine Befindlichkeit zu erspüren. Alle Energien des Tieres bleiben bei diesem selbst, und meine Energien bleiben bei mir.«

Dann visualisieren Sie: Konzentrieren Sie sich auf Ihren eigenen Körper, weiten Sie ihn aus und schlüpfen Sie gleichsam in den Körper des Tieres. Stellen Sie sich vor, dass Sie im Körper des Tieres sind. Beginnen Sie nun, ihn von oben bis unten oder umgekehrt »abzutasten« und die eventuellen Schmerzen oder Blockaden zu erfühlen.

Wenn Sie den Körperscan abgeschlossen haben, verlassen Sie sachte den Körper des Tieres. Nehmen Sie deutlich Ihren eigenen sowie den von Ihrem Körper getrennten Tierkörper wahr.

Visualisieren Sie anschließend um Sie selbst herum eine goldene Kugel. Beide Lebewesen sind nun wieder vollständig voneinander separiert.

Dem Tier Heilenergie senden

Jeder kann sein Tier mit heilender kosmischer Energie versorgen.

Stellen Sie sich vor, Ihr Scheitelchakra und Herzchakra sind weit geöffnet. Durch das Scheitelchakra fließt von oben kosmische Energie in Sie hinein. Die Energie strömt weiter durch Ihr Herzchakra und von da aus durch beide Arme und über die Handflächen zum Tier. Sie können das Tier dabei berühren oder die Hände wenige Zentimeter über ihm halten. Die Energieübertragung kann auch über ein Foto oder rein gedanklich erfolgen.
Wir denken oder sagen dabei zu Beginn der Übung: »Ich habe die Absicht, … [Sie können das Tier beim Namen nennen, zum Beispiel »der Stute Cosima«] kosmische Energie zu senden.«
Achten Sie darauf, wie lange ein Tier die Heilenergie erhalten möchte. Meistens werden Tiere unruhig oder laufen davon, wenn sie genug haben. Ich bitte meine Tiere immer, mir zu sagen oder mir ein Zeichen zu geben, wann sie genug Energie erhalten haben.
Sobald Sie mit der Energieübertragung fertig sind, waschen Sie sich zur Reinigung Ihre Hände.

Freies Schreiben

Diese Übung hilft Ihnen, Vertrauen in das Empfangene zu gewinnen. Da Sie hier keine spezielle Frage stellen, sind auch vorprogrammierte Antworten hinfällig. Indem man einfach darauf wartet, ob überhaupt eine Information eintrifft, werden Voreingenommenheit und Skepsis vermindert.

Nehmen Sie das Foto eines Tieres in die linke Hand. Entspannen Sie sich, atmen Sie ruhig und betrachten Sie das Foto. Stellen Sie die Herz-zu-Herz-Verbindung her (siehe Kapitel »Praktisch kommunizieren«); fühlen Sie die Verbindung zum Tier. Warten Sie einfach ab.
Schließen Sie die Augen und nehmen Sie alle Eindrücke wahr, die Sie erhalten. Das können Gefühle, einzelne Worte oder Sätze, aber auch Bilder sein. Vertrauen Sie dem ersten Eindruck, auch wenn er scheinbar keinen Sinn ergibt. Schreiben Sie das Empfangene auf.

Diese Übung können Sie abwandeln, indem Sie sich eine Frage, die Sie gerne beantwortet haben möchten, überlegen und das freie Schreiben anhand dieser Frage üben. Nach der gestellten Frage verfahren Sie, wie oben beschrieben, warten auf die Antworten und schreiben sie auf.

Ich habe diese Übung vor Jahren mit einer solchen Frage gemacht und habe die empfangene Botschaft erst kürzlich wieder gelesen. In der Zwischenzeit hatte ich sie vergessen und war nun nicht wenig erstaunt, wie sehr die Antwort stimmte.

Die Aura erfühlen

Für diese Übung müssen Sie zu zweit sein. Ihr Partner steht aufrecht, berührt mit beiden Füßen den Boden und lässt die Arme locker hängen.

Reiben Sie zunächst Ihre Hände etwa eine halbe Minute lang aneinander; Sie werden dadurch ein Kribbeln in den Handflächen spüren und können die feinstofflichen Energien der Aura Ihres Partners besser erfühlen.

Stellen Sie sich in einem Abstand von zwei Metern hinter Ihren Partner, wobei Sie die Hände vor sich auf Brusthöhe mit den offenen Handflächen nach vorne halten. Nähern Sie sich nun ganz langsam und in kleinen Schritten dem Partner und achten Sie dabei genau darauf, was Sie in den Handflächen spüren: Irgendwann werden Sie einen sanften energetischen »Widerstand« fühlen. Das bedeutet, dass Sie auf die Aura oder eine Auraschicht des Partners gestoßen sind.

Bleiben Sie, diesen Widerstand wahrnehmend, stehen, schließen Sie die Augen und spüren Sie, wie sich die Aura des Partners anfühlt: Spüren Sie Wärme oder Kälte oder gar Schmerz oder Wohlbehagen in Ihren Handflächen? Versuchen Sie, es nicht zu analysieren; nehmen Sie nur wahr.

Wenn Sie fertig erspürt haben, ziehen Sie sich langsam von der Aura des Partners zurück. Bleiben Sie noch einen Moment mit geschlossenen Augen stehen und atmen Sie tief durch, bevor Sie ins Hier und Jetzt zurückkehren.

Bitte beachten Sie, dass Sie nach der Übung eventuelle Fremdenergie wieder an den Ort zurückgeben, wo Sie diese aufgelesen haben – sprich: Reinigen Sie sich energetisch (siehe Kapitel »Energetische Reinigung und energetischer Schutz«).

Meditationen

Im Herzzentrum ruhen

Setzen Sie sich bequem hin und lassen Sie Ihren Atem in Ihrem eigenen Rhythmus fließen.

Beim nächsten Einatmen lenken Sie den Atem in Ihr Herzzentrum. So wird ihm positive, lichtvolle Energie gesendet.

Atmen Sie aus. So werden alle Verunreinigungen und negativen Energien vom Herzzentrum nach außen geführt.

Atmen Sie erneut positive Energie ein und lenken Sie diese in Ihr Herzzentrum. Wenn Sie das Gefühl haben, Ihr Herzzentrum sei vollständig geklärt, verweilen Sie noch eine Weile mit Ihrer Aufmerksamkeit in der gereinigten Herzenergie.

Atemmeditation

Grundübung

Legen Sie sich hin und lassen Sie eine Ihrer Hände auf Ihrem Bauch ruhen. Atmen Sie nun gleichsam »von unten nach oben in den Bauch« ein, wobei Sie beobachten können, dass sich Ihre Hand hebt. Beim Ausatmen senkt sich Ihre Hand wieder.

Diese Atmung wird Bauchatmung genannt. Die meisten Menschen atmen unbewusst in den Brustkorb ein und wieder aus, sodass der Bauchraum verkrampft bleibt. Dadurch kann es zu anderweitigen Verspannungen kommen, unter anderem weil die Energie nicht richtig durch unseren Körper fließen kann. Durch die Bauchatmung wird Energie in den gesamten Körper geleitet, Blockaden können gelöst werden.

Beobachten Sie einmal Ihr eigenes Atemverhalten über den Tag verteilt. Vermutlich bemerken Sie, dass Sie in Stresssituationen in die Brustatmung fallen oder das Atmen sogar für einen Moment ganz vergessen. Werden Sie sich solcher Momente bewusst, setzen Sie sich einen Augenblick hin und konzentrieren Sie sich auf die Bauchatmung. Achten Sie darauf, diese den ganzen Tag über beizubehalten.

Meditation

Setzen Sie sich bequem hin und atmen Sie ein paarmal in Ihrem eigenen Rhythmus ein und aus. Verfolgen Sie beim nächsten

Einatmen, wohin Ihr Atem fließt. Beobachten Sie beim Ausatmen, wohin Ihr Atem geht. Beobachten Sie Ihren Atem für eine gewisse Zeit. Bemerken Sie die Ruhe, in der Sie sich nun befinden und die Sie umgibt.

Stellen Sie sich beim nächsten Einatmen vor, dass vom Innern der Erde, durch Ihre Fußsohlen ein Lichtstrahl aufsteigt, sich den Weg durch Ihren Körper bahnt und beim Kronenchakra in die Unendlichkeit des Universums entschwindet. Holen Sie diesen Lichtstrahl beim Ausatmen wieder vom Himmel zurück und lassen Sie ihn durch Ihr Kronenchakra und durch den Körper strömen, bis der Lichtstrahl erneut durch Ihre Fußsohlen ins Innere der Erde fließt. Geben Sie dem Lichtstrahl beim nächsten Einatmen eine Farbe und lassen Sie die Farbe Ihren ganzen Körper und Ihre Aura erleuchten.

Behalten Sie diesen Atemrhythmus für einige Zeit bei, bis Sie das Gefühl haben, vollständig geerdet, entspannt und voller universeller Kraft zu sein.

Chakrameditation

Setzen Sie sich bequem hin und schließen Sie Ihre Augen. Atmen Sie tief durch die Nase ein. Spüren Sie, wie die frische Luft wohltuend in Ihre Lungen strömt und sie ausfüllt. Atmen Sie langsam durch den Mund wieder aus.

Beim Einatmen atmen Sie kosmische Energie ein, beim Ausatmen lassen Sie alle Ängste, Sorgen und Anspannungen los.

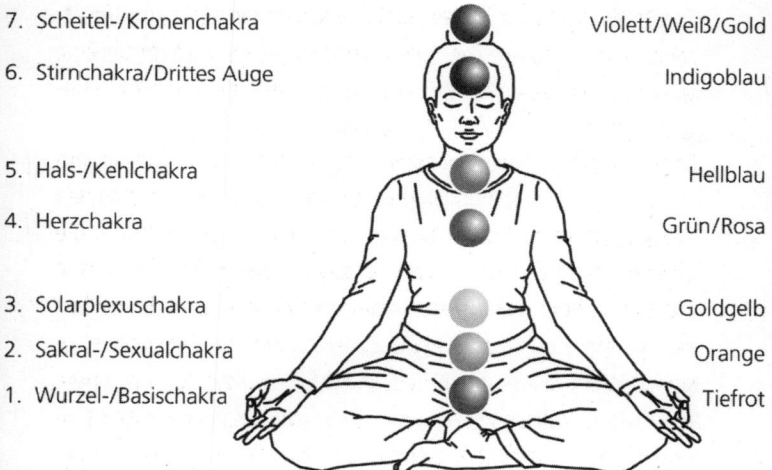

7. Scheitel-/Kronenchakra		Violett/Weiß/Gold
6. Stirnchakra/Drittes Auge		Indigoblau
5. Hals-/Kehlchakra		Hellblau
4. Herzchakra		Grün/Rosa
3. Solarplexuschakra		Goldgelb
2. Sakral-/Sexualchakra		Orange
1. Wurzel-/Basischakra		Tiefrot

Führen Sie diese Atemtechnik während der ganzen Meditation in Ihrem Rhythmus fort.

Konzentrieren Sie sich nun auf Ihr Wurzelchakra; es ist das Zentrum Ihrer Kraft und Ihrer Individualität. Visualisieren Sie eine rubinrote Glaskugel, die in Ihrem Körper nahe der Basis Ihrer Wirbelsäule schwebt. Stellen Sie sich vor, dass in der Kugel ein kleines Licht brennt: Es wird immer größer und strahlender, bis es über die Kugel, Ihr Wurzelchakra, hinauswächst. Sie sehen, wie Ihr Wurzelchakra in reinem Rubinrot erstrahlt.

Folgen Sie Ihrer Aufmerksamkeit nun zum Sakralchakra, das sich etwa 10 Zentimeter über dem Wurzelchakra befindet. Hier sehen Sie eine orangefarbene Kugel. Auch in dieser Kugel entzünden Sie ein kleines Licht. Mit dem Atem wird das Licht immer größer, bis es schließlich über das Chakra hinauswächst. Sie sehen, wie Ihr Sakralchakra in leuchtendem Orange erstrahlt.

Sobald das Sakralchakra gereinigt ist, gehen Sie mit der Aufmerksamkeit zum Solarplexus. Dieses Chakra befindet sich gleich hinter dem Bauchnabel. Wir sehen eine gelbe Kugel und entzünden auch in ihr ein Licht: Es wird von Atemzug zu Atemzug stärker und füllt schließlich das ganze Chakra aus, bis die Kugel in wundervollem goldgelbem Licht leuchtet.

Als Nächstes schenken wir unsere Aufmerksamkeit dem Herzchakra in der Mitte Ihrer Brust. Es ist für die Tierkommunikation sehr wichtig, weil aus dem Herzzentrum die Energie zwischen den Lebewesen fließt. Wir sehen eine smaragdgrüne Kugel und entzünden das Licht: Es wird immer stärker und größer, bis es über das Chakra hinauswächst und wir eine leuchtend grüne Kugel wahrnehmen können.

Wir gehen weiter zum Kehlchakra. Es hat eine hellblaue Farbe und befindet sich im Bereich Ihres Kehlkopfes. Beim nächsten Atemzug entzünden wir das Licht in diesem Chakra. Bei jedem Atemzug wird das Licht größer, bis die ganze Kugel in leuchtend hellblauem Licht erstrahlt.

Wenn auch das Kehlchakra vollständig gereinigt ist, gehen wir zum Punkt zwischen unseren Augenbrauen. Sie sehen einen runden oder ovalen indigoblauen Ball an dieser Stelle schweben. Es ist Ihr Drittes Auge. Wir entzünden das Licht in der dunkelblauen Kugel und lassen es mit jedem Atemzug größer werden.

Vielleicht sehen Sie die Form eines Auges. Achten Sie darauf, ob es geschlossen oder geöffnet ist: Wenn es geschlossen ist, bitten Sie Ihr Drittes Auge, sich zu öffnen, und fragen es, ob es eine Botschaft für Sie bereit hat.

Das siebte Chakra befindet sich am Scheitel. Über das Kronenchakra können wir Informationen vom Kosmos erlangen. Wir sehen an dieser Stelle eine violette Kugel und entzünden das Licht in ihr. Bei jedem Atemzug wird es größer und das Chakra leuchtender und reiner. Das Kronenchakra ist die Verbindung zu unserem höheren Selbst, die Verbindung zum Universum.

Nun sind unsere sieben Hauptchakras gereinigt. Stellen Sie sich vor, Ihr ganzer Körper ist umhüllt von weißem Licht. Diese Lichtblase stellt den geistigen Schutz dar.

Atmen Sie ruhig in Ihrem Rhythmus weiter und kommen Sie langsam wieder ins Hier und Jetzt. Bewegen Sie Ihre Finger, dann die Arme und danach die Füße. Wenn Sie so weit sind, öffnen Sie die Augen.

Das Dritte Auge öffnen

Das Dritte Auge wird auch als sechstes Chakra bzw. Stirnchakra bezeichnet. Es befindet sich zwischen den Augenbrauen. Dank dem Dritten Auge können wir mentale Bilder empfangen und visualisieren. Ist es geschlossen, bleibt uns dies versagt.

Die folgende Meditation öffnet Ihr Drittes Auge. Sollten Sie im Lauf der Zeit das Gefühl haben, es sei erneut verschlossen, können Sie die Meditation wiederholen.

Setzen Sie sich bequem hin, schließen Sie die Augen und lassen Sie Ihren Atem in Ihrem Rhythmus fließen.

Sind Sie durch die Konzentration auf den Atem zur Ruhe gekommen, lenken Sie Ihre Aufmerksamkeit auf die Stelle zwischen Ihren Augenbrauen. Erfühlen Sie diese Stelle. Wenn Sie das Gefühl einer Blockade erhalten, bitten Sie Ihr Drittes Auge, sich während der Meditation zu öffnen.

Beobachten Sie, wie die indigofarbene Aura rund um Ihr Drittes Auge strahlender und leuchtender wird und wie schlussendlich das Dritte Auge sich öffnet. Betrachten Sie es genau: Wie ist es geformt? Welche Farbe hat es? Wie sieht die Pupille aus? Was für ein Gefühl ist es, »von Angesicht zu Angesicht« mit Ihrem Dritten Auge zu sein?

Nehmen Sie Ihr Drittes Auge noch für eine Weile wahr und lassen Sie Ihren Atem ruhig weiterfließen. Was fühlen Sie an der Stelle des Dritten Auges? Wärme, ein Kribbeln, einen sanften Druck oder gar Schmerzen? All dies sind Zeichen, dass sich das Dritte Auge zu öffnen beginnt oder sich bereits geöffnet hat. Bedanken Sie sich beim Dritten Auge und fragen Sie es, ob es eine Botschaft für Sie hat. Empfangen Sie die Antwort und verweilen Sie noch einen Moment in der Aufmerksamkeit auf das Dritte Auge.

Atmen Sie tief durch, bewegen Sie Hände und Füße und öffnen Sie langsam wieder die Augen.

Sollte sich das Dritte Auge während der Meditation nicht öffnen, sprechen Sie folgenden Satz: »Ich, … [Ihr Name], bin bereit, dass sich mein Drittes Auge jetzt öffnet. Ich lege alle damit verbundenen Ängste aus dem jetzigen und aus allen vergangenen Leben ab, sodass die Öffnung meines Dritten Auges jetzt erfolgen kann.« Nachdem Sie diesen Satz gesprochen haben, beginnen Sie erneut mit der Meditation.

Sollte sich Ihr Drittes Auge bereits geöffnet haben, überspringen Sie den Teil der Öffnung und fragen Sie Ihr Drittes Auge direkt, ob es eine Botschaft für Sie hat. Fahren Sie danach fort, wie oben beschrieben.

Krafttiermeditation

Krafttiere begleiten uns von der geistigen Ebene aus. Sie stehen uns in jeglichen Lebenssituationen als Berater, Beschützer, Freund und Helfer zur Seite. Man kann sie sich sozusagen als Schutzengel in Tiergestalt vorstellen. Sie haben ihren Ursprung in den Traditionen der Naturvölker. Meist hat ein Mensch ein Krafttier an seiner Seite, manchmal können es auch zwei sein – sei es in Gestalt von Haustieren, von wild lebenden Tieren oder gar Fabelwesen wie Einhörnern. Das eigene Krafttier kann durch verschiedene Rituale oder Meditationen gerufen werden.

Die folgende Meditation ist nur *eine* Möglichkeit, seinem eigenen Krafttier zu begegnen.

143

Suchen Sie sich einen Platz in der Natur, an dem Sie sich ungestört und sicher fühlen. Stellen oder setzen Sie sich entspannt hin, schließen Sie die Augen und konzentrieren Sie sich auf Ihren Atem. Tun Sie dies so lange, bis Sie eine tiefe innere Ruhe spüren.

Lauschen Sie Ihrer Umgebung: Hören Sie den Wind, die Vögel, das Rascheln der Blätter in den Bäumen?

Stellen Sie sich vor, dass Sie über das Kronenchakra mit dem Himmel und über das Wurzelchakra mit der Erde verbunden sind. Fühlen Sie diese Verbundenheit mit dem großen Ganzen und begeben Sie sich in Gedanken auf eine Wanderung in den Wald. Spüren Sie den Boden unter Ihren Füßen. Wie ist seine Beschaffenheit? Was hören Sie, während Ihre Füße den Boden berühren?

Atmen Sie tief ein. Was riechen Sie? Seien Sie achtsam und nehmen Sie wahr, was um Sie herum geschieht. Treffen Sie Tiere? Welche Tiere?

Wandern Sie weiter ... Nach einer Weile erreichen Sie eine Lichtung im Wald. Sie sehen, wie goldfarbene Sonnenstrahlen den Boden beleuchten. Sie sehen das Blau des Himmels. Stellen Sie sich in die Mitte der Lichtung und lassen Sie Ihren Geist vollkommen zur Ruhe kommen.

Aus der vollkommenen Ruhe heraus rufen Sie nun Ihr Krafttier und sprechen: »Krafttier von ... [Ihr Name], ich bitte dich, tritt an meine Seite und begleite mich von nun an auf meinem Weg. Unterstütze und lehre mich, denn ich bin bereit, deinen weisen Rat anzunehmen. Bitte lass mich sehen, was für eine Gestalt du hast, und teile mir deinen Namen mit.«

Verweilen Sie nun weiter in der Stille und empfangen Sie die Antworten Ihres Krafttieres.

Wenn Sie Ihr Krafttier sehen und seinen Namen erfahren haben, begrüßen Sie es und danken ihm, dass es an Ihre Seite getreten ist. Fragen Sie es nun, ob es eine Botschaft für Sie bereit habe, und lauschen Sie wiederum in aller Stille der Antwort. Sollte sich ein längeres Gespräch zwischen Ihnen und Ihrem Krafttier ergeben, lassen Sie sich ruhig Zeit.

Ihr Krafttier ist nun an Ihrer Seite und wird Sie überallhin begleiten, Ihnen auf Ihre Bitte hin mit weisem Rat zur Seite stehen und Sie so akzeptieren, wie Sie sind. Krafttiere stellen keine Bedingungen und keine Forderungen. Sie sind bedingungslos für Sie da. Jederzeit. Krafttiere mischen sich nicht ungefragt in Ihre Angelegenheiten ein. Es ist somit an Ihnen, es um seinen Rat oder seine Meinung zu bitten. Sie können jederzeit auf eine ehrliche Antwort vertrauen.

Verweilen Sie noch einen Moment in Zweisamkeit mit Ihrem Krafttier und spüren Sie seine Energie, bevor Sie sich von ihm verabschieden und durch ein paar tiefe Atemzüge wieder ganz ins Hier und Jetzt kommen.

Wenn Sie bei der Tierkommunikation Blockaden erspüren oder einmal aus unerklärlichen Gründen nicht mehr weiterkommen, können Sie Ihr Krafttier um Unterstützung bitten, eventuelle Blockaden aufzulösen. Sie können es ebenfalls darum bitten, Ihnen aufzuzeigen, was genau die Blockade verursacht; womöglich können Sie sie dann selber auflösen. Suchen Sie den Dialog mit Ihrem Krafttier, um mehr über sein Wesen und seine Qualitäten zu erfahren.

(Weiterführende Literatur: Steven Farmer, *Krafttiere;* siehe Literaturverzeichnis.)

9. Nachwort: Vertrauen

Und, wie fühlt es sich an, mit Tieren zu kommunizieren? Ich nehme an, Sie haben in sich und um Sie herum eine neue Welt entdeckt. Eine Welt, die manchmal nicht ganz fassbar erscheint, dafür umso mehr Weisheit in sich birgt.

Auch wenn Sie die ersten Zweifel hinter sich gelassen und die aufgetretenen Hürden überwunden haben, werden Sie wahrscheinlich dann und wann an einen Punkt gelangen, an dem Sie sich unsicher oder zu wenig bestätigt fühlen. Sollte es überhaupt so weit kommen, lassen Sie den Kontakt für einen Moment ruhen; fassen Sie dann erneut Vertrauen, indem Sie an bereits vorhandene Erfolgserlebnisse denken, und kommen Sie später geklärt zur Tierkommunikation zurück.

Felicitas nahm an einem meiner Tierkommunikation-Seminare teil. Es ging darum, in den Körper eines Tieres hineinzufühlen, um eventuelle Schwachpunkte und gesundheitliche Diskrepanzen festzustellen. Sie setzte sich, schloss die Augen, atmete einige Male tief ein und aus und begann, das Foto eines Hundes in der linken Hand haltend, über das Wohlbefinden des Tieres zu sprechen. Ihre Stimme klang ganz ruhig, sie erzählte klar und deutlich, ohne zu stocken: »Ich fühle, dass die Zähne nicht ganz in Ordnung sind, im Allgemeinen ist der Hund sehr nervös, hat Schmerzen im Bauchraum und am Darm und leidet andauernd unter Durchfall.« Die Schilderungen über die momentane Gesundheit des Tieres waren absolut präzise und stimmten mit dem tatsächlichen gesundheitlichen Zustand des Hundes überein, wie uns die anwesende Besitzerin bestätigte.

Als Felicitas zu einem späteren Zeitpunkt Zweifel an ihrem Können entwickelte, erinnerte ich sie an das längst vergangene Seminar und ihre fantastische Wahrnehmung.

Durch die Erinnerung an vergangene Erfolgserlebnisse lassen sich Blockaden und Zweifel im Nu wegwischen. Das Einzige, was Sie tun müssen, ist, sich zu erinnern. Ich möchte Sie ermuntern, sich zu diesem Zweck ein kleines Notizbuch zuzulegen, in dem Sie alle Ihre Erfolgserlebnisse bei der Tierkommunikation und der telepathischen Wahrnehmung festhalten. Die Erfahrung zeigt nämlich, dass wir uns eher an die Misserfolge als an die Erfolge erinnern. Wenn Sie aber die Erfolge festhalten, können Sie in einem Zweifelsfall schneller darauf zurückgreifen.

Falls es Ihnen partout nicht gelingen will, Vertrauen in Ihr eigenes Tun zu haben, ist der naheliegende Weg, jemand anderen zu fragen. Man sagt sich in diesen Augenblicken: »Ich brauche jetzt jemanden, der das wirklich kann und sich damit auskennt.« Natürlich ist das Zu-Hilfe-Ziehen außenstehender Personen in so einer Situation einfach und bequem – allerdings bringt es einen nicht immer weiter. Wie wäre es, wenn Sie in einer Situation, in der Sie glauben, Blockaden bei der Tierkommunikation zu haben, es doch noch einmal versuchen? Wer sagt Ihnen, dass jemand anders es besser kann? Nur weil sich jemand »Tierkommunikator« nennt, muss das noch lange nicht heißen, dass dieser Experte besser mit Ihrem Tier kommunizieren kann als Sie selbst.

Sehr hilfreich ist es, den Anspruch abzulegen, auf eine Frage sofort eine Antwort zu erhalten. Vielleicht braucht die Antwort einfach einen Moment lang Zeit? Ich möchte Ihnen Vertrauen in Ihr eigenes Tun zusprechen und Sie ermuntern, immer dranzubleiben, auch wenn es bequemer und besser erscheint, Hilfe von außen zu holen. Hören Sie geduldig auf Ihr höheres Selbst und erfühlen Sie, wann der Zeitpunkt für Hilfe von außen wirklich gekommen ist. Solche Situationen passieren durchaus; ich bin jedoch der Auffassung, dass sie seltener sind, als wir bereit sind zuzugeben. Indem Sie Vertrauen in Ihr eigenes Tun entwickeln, werden Sie Abhängigkeiten ablegen können. Durch das Vertrauen in sich selber werden Sie sogar richtig selbstständig.

Wenn Sie denken: »Ich kann das nicht«, sage ich Ihnen: »Doch, Sie können das sehr wohl!« Achten Sie auf Ihre innere Einstellung, die Sie je nach Gedankenform stärkt oder schwächt. Ein »Ich kann das nicht« ist immer mit einer Schwächung verknüpft.

Ich persönlich bin der Meinung, dass alles möglich ist. Was dieses »alles« ist, hängt jedoch maßgeblich vom eigenen Blickwinkel ab. Ändern Sie doch beim nächsten Mal, wenn Sie Ihr eigenes Können oder Ihre Fähigkeiten infrage stellen, einfach die Perspektive. Vielleicht geht das nicht von heute auf morgen. Es mag schwer sein, jahrelange, vielleicht seit der Kindheit bestehende Begrenzungen und Überzeugungen abzulegen. Deshalb fangen Sie heute damit an und arbeiten jeden Tag Stück für Stück daran.

Denken Sie nicht, die Arbeit an Ihnen selber oder das Bemühen, auf die Tierkommunikation zu vertrauen, würden eines Tages einfach enden. Dieses Vertrauen will täglich gestärkt werden. Es kann durchaus vorkommen, dass das Vertrauen – vor allem dasjenige in die eigene Wahrnehmung – einem als Lehrmeister über den Weg läuft. Mir ergeht es nicht anders. Wenn ich drohe, blindlings verstandesmäßig etwas tun zu wollen, dauert es nicht lange, bis ich wieder sanft oder durchaus auch mal weniger sanft auf den Weg geschubst werde. Auf den Weg des Vertrauens.

Erst kürzlich durfte ich es wieder erfahren: Eine Freundin, welche ihre beiden Pferde im gleichen Stall eingestellt hat wie ich, bat mich, ihrer Stute vier Tage lang jeweils am Morgen ein starkes Schmerzmittel zu verabreichen. Das Schmerzmittel wurde dem Tier verschrieben, weil es auf einen spitzen Stein getreten war und sich ein überaus schmerzhafter Bluterguss im Huf bildete. Am dritten Morgen verabreichte ich der Stute wie gewohnt das Schmerzmittel. Da kam mir der Gedanke: »Hoffentlich bekommt sie davon keine Kolik!« Ich verdrängte diesen Gedanken gleich wieder. Doch das andere Pferd meiner Freundin, ein älterer Wallach und selbst ernannter Oberbeschützer der Stute, meldete sich erzürnt zu Wort. Mit grollender Stimme sagte er: »Wann hört ihr endlich auf, ihr dieses Zeug zu geben? Es tut ihr nicht gut!«
Hätte ich mein Vertrauen in das, was ich höre und fühle, nicht missachtet, wäre es wohl anders gekommen. Am selben Abend noch hatte die Stute eine sehr schmerzhafte Kolik.

Ich werde mich an dieses Erlebnis erinnern und meine Wahrnehmung beachten. Ich ermutige Sie, dies ebenfalls zu tun, auch wenn es manchmal Situationen gibt, in denen man zögert.

Das Universum wollte wohl prüfen, ob ich meine Lektion im Vertrauen gelernt hatte. Kurz darauf hatte ich einen Traum: Dabei sah ich, wie ein Sohn ganz nah bei seiner Mutter war, sie fest umarmte und ihr immer wieder sagte: »Ich brauche dich im Moment ganz fest.« Ich kannte die beiden, hatte aber keinen näheren Kontakt zu ihnen.
Als ich am Morgen aufwachte, war der Traum noch immer präsent. Ich fragte mich, was ich wohl damit anfangen sollte, und dachte immer wieder: »Mitteilen!« Na toll, jetzt sollte ich zu einer fast fremden Frau gehen und ihr mitteilen, dass ihr Sohn sie – laut meinem Traum – so sehr brauchte? Mein Gedanke war: »Die hält mich doch für vollkommen verrückt und durchgeknallt!«
Der Gedanke wollte mich aber nicht loslassen, und so kam es, dass ich genau dieser Frau am folgenden Tag über den Weg lief. Ich traf sie sonst nie. Ich zögerte, bat sie dennoch, anzuhalten, und stammelte wohl etwas Unverständliches, denn sie sah mich mit ihren großen braunen Augen fragend an. Als ich mich durchrang, ihr mitzuteilen, worum es ging, schossen ihr die Tränen in die Augen: Sie wisse, dass ihr Sohn sie im Moment mehr brauche denn je.
Erst einige Zeit später fragte sie: »Wieso träumst du von meinem Sohn?« Die Frage war nicht vorwurfsvoll ge-

meint. Sie wollte wohl eher fragen, wieso ich wisse, dass ihr Sohn sie im Moment so sehr braucht. Ich antwortete ihr, dass es wohl so hätte sein müssen. Sie akzeptierte meine Antwort und dankte mir für die Mitteilung. Für mich war das wieder eine Lektion, zu vertrauen.

In diesem Sinne wünsche ich Ihnen viel Freude, Erfolg, schöne Erfahrungen und viel Gutes mehr. Seien Sie bereit, Begrenzungen zu sprengen, indem Sie Vertrauen in sich selber haben.

Begriffserklärungen

Aura:

Die Aura ist das energetische Feld, das den Körper jedes Lebewesens umgibt, wobei der Durchmesser einen halben bis mehrere Meter betragen kann. In der Aura werden verschiedenste energetische Informationen gespeichert, welche das betreffende Lebewesen ausmachen. Durch die Reinigung der Aura können negative Energien gelöscht und somit das Wohlbefinden gesteigert werden. Je nach emotionalem Zustand kann sich die Farbe der Aura ändern. Die verschiedenen Farben in der entsprechenden Aura können gedeutet werden und geben Aufschluss über momentane körperliche und seelische Befindlichkeiten. Dunkle Flecken oder Risse in der Aura weisen auf energetische Verunreinigungen oder gar physische Disbalancen bzw. Schädigungen hin.

Chakra:

Chakra ist aus dem Sanskrit und bedeutet: Rad, Kreis. Chakras sind feinstoffliche dreidimensionale Energiewirbel entlang der Wirbelsäule. Sie regulieren die Energie im jeweiligen Lebewesen. Jedes einzelne Chakra wird einem oder mehreren Organen zugeordnet. Die Chakras breiten sich nach oben, nach unten, nach hinten und nach vorne aus. Die sieben Hauptchakras sind das Wurzelchakra (tiefrot), das Sakralchakra (orange), das Solarplexuschakra (goldgelb), das Herzchakra (grün/rosa), das Halschakra (hellblau), das Dritte Auge/Stirnchakra (indigoblau) und das Kronenchakra (violett/weiß/golden). Den einzelnen Chakras sind die genannten Farben zugeordnet, welche die Schwingung des jeweiligen Chakras ausmachen.

Je nachdem kann das Chakra ausgeglichen sein, eine Unterenergie oder eine Überenergie aufweisen. In den beiden letzteren Fällen ist ein Chakraausgleich durch Reiki, Meditation, durch Klang oder Intonationen angezeigt, um den Körper wieder in sein energetisches Gleichgewicht zu bringen.

Die sieben Hauptchakras sind bei Weitem nicht die einzigen Chakras. Es gibt verschiedene Quellen über die Anzahl von Chakras; manche berichten von Tausenden, die jedes Lebewesen haben soll.

Wichtig als energetische Verbindungsstelle bei der Tierkommunikation sind – außer dem Herzzentrum – die Handchakras. Sie befinden sich in der Mitte der beiden Handinnenflächen. Ihnen wird eine blaugrüne Farbe zugeordnet. Über die Handchakras können bei einer Kommunikation per Foto Informationen des Tieres aufgenommen werden. Über die Handchakras wird dem Tier beim energetischen Heilen die kosmische Energie übertragen (siehe auch die Übung »Dem Tier Heilenergie senden«, Seite 133).

Höheres Selbst:

Das höhere Selbst ist ein grenzenloser Teil von einem selbst. Es ist der Teil von uns, der allwissend und frei von Verstand und Bedingungen ist. Sie können jederzeit mit Ihrem höheren Selbst Kontakt aufnehmen (auf dieselbe Art und Weise wie bei der Tierkommunikation) und sich mit ihm austauschen. Wenn Sie Mühe haben, sich die Energie Ihres höheren Selbst vorzustellen, können Sie dieser auch eine Form geben oder es fragen, welche Form es annehmen möchte.

Meditation:

Bedeutet übersetzt: nachdenken, nachsinnen. Meditation ist das Erleben eines Zustandes jenseits des Verstandes. Während der Meditation verbindet man sich zum Beispiel mit seinem höheren Selbst und nutzt die Lücke zwischen den Gedanken, um in den leeren und doch alle Informationen bergenden Raum zu gelangen; über das Dritte Auge nimmt man dann ggf. Visualisierungen auf. Grundsätzlich sitzt oder liegt man während einer Meditation, wobei wichtiger ist, dass es einem dabei bequem ist, als dass man eine »korrekte« Meditationshaltung einnimmt. Auch während der Tierkommunikation verweilt man in einer meditativen Haltung und ist mit dem höheren Selbst und dem Tier verbunden.

Literatur

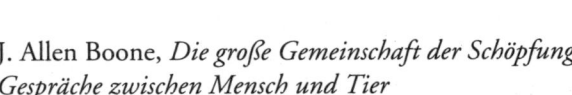

J. Allen Boone, *Die große Gemeinschaft der Schöpfung.*
Gespräche zwischen Mensch und Tier
[Aus meiner Sicht besonders empfehlenswert!]

Dawn Brunke-Baumann, *Tierkommunikation.*
Das praktische Einsteigerbuch in die Sprache der Tiere

Steven Farmer, *Krafttiere.*
Die Verbindung zu deinem Geistführer aus der Tierwelt

Frank Kinslow, *Quantenheilung.*
Wirkt sofort – und jeder kann es lernen

Hartmut Lohmann, *Grundlagen der energetischen Heilung.*
Warum sie wirkt, wie sie funktioniert

Walter Lübeck, *Das Reiki Handbuch.*
Von der grundlegenden Einführung zur natürlichen Hand-
habung. Eine vollständige Anleitung für die Reiki-Praxis

Rupert Sheldrake, *Der siebte Sinn der Tiere.*
Warum Ihre Katze weiß, wann Sie nach Hause kommen,
und andere bisher ungeklärte Fähigkeiten der Tiere

Penelope Smith, *Gespräche mit Tieren.*
Praktische Tierkommunikation

Doreen Virtue, *Dein Leben im Licht.*
Heilung durch Selbsterkenntnis

Danke …

… Dixon, Akimba und Sasima, dass ihr euer Leben bei und mit mir verbringt. Ihr seid meine größten Lehrer.

… meinen Engeln, Krafttieren und Geistführern. Eure Anwesenheit stärkt mich Tag für Tag.

… Susanna, für deine Freundschaft und dass du mich gelehrt hast, mit Tieren zu sprechen.

… Dominik, dass du immer für mich da bist, mir Freund und Ehemann zugleich bist.

… Ruben, du bist das größte Glück.

… Karin Schnellbach und Konrad Halbig. Es bereitet mir große Freude, mit Ihnen zu arbeiten.

… Birgit-Inga Weber, für Ihre wundervolle, feinfühlige und präzise Arbeit.

Über die Autorin

Lisa Schnider, 1979 in Basel geboren, hat Jura studiert. Später hat sie die Tierkommunikation bei Susanna Zelenka erlernt; seither spricht sie täglich mit Tieren, seien es die eigenen oder jene anderer Menschen. Auch die Kommunikation mit Engeln und Geistwesen sowie die Therapie mit verschiedenen Energieformen zählen zur Faszination der Autorin. Sie lebt mit ihrer Familie in einem ländlichen Vorort von Basel.

Weitere Informationen:
www.lisa-schnider.ch